제7판

사례중심

고소장 · 내용증명 작성법

제7판

사례중심

고소장 · 내용증명 작성법

 법률출판사

[개정7판]
사례중심 고소장 · 내용증명 작성법

7판1쇄인쇄 / 2024. 2. 20
7판1쇄발행 / 2024. 2. 25

편저자_ 조장형
발행인_ 김용성
발행처_ **법률출판사**
등 록_ 1996. 2.15 제1-1982호
ISBN 978-89-5821-348-2 / 03360

서울시 동대문구 휘경로2길 3, 4층
TEL:02-962-9154 / FAX:02-962-9156
www.LnBpress.com
email : lawnbook@hanmail.net

머리말

세상을 살아가면서 피해야 할 것을 3가지만 꼽아보자면 어떤 것이 있을까? 개인의 형편상, 그리고 경험상 각자 서로 다른 것을 생각할 수 있겠으나 가장 첫 번째 자리에는 아마도 신체적 건강과 관련된 '질병' 아닐까 한다. 여기에 덧붙여서 정신적·경제적 건강과 관련된 '빚 또는 채무' 또한 우리가 살아가면서 피하고 싶은 것에서 빠질 수 없을 게다.

그럼, 마지막 한 자리는 무엇일까?

신체적 건강뿐 아니라 정신적·경제적 건강과도 연관되어 있는, 예전 어르신들의 말씀 그대로 '송사(訟事)'가 아닐까.
물론 질병과 채무가 본인 스스로의 의지만으로 피할 수 없듯이, 송사 즉 소송에 휘말리는 것 또한 본인만 올곧게 살아간다고 해서 피할 수 있는 일은 아니다.
우리의 삶과 생활을 둘러싸고 있는 수많은 질서와 법률은, 우리가 그것을 알든 모르든 우리를 규율시키고 적응시켜나간다. 이때 자신 스스로가 의도하지는 않았지만 타인 또는 제3자에 의해 본인의 생활과 삶에 피해가 발생할 수 있는데, 이러한 상황에서조차 스스로의 권익과 권리를 지켜내지 못한다면 어떻게 될 것인가.

'권리 위에 잠자는 자는 보호받지 못한다.'는 법언(法諺)이 있다.

질병은 피하고 예방하는 것이 최선이겠지만, 정작 병에 걸렸다면 치료해야 하는 것이 우선이듯이, 송사(訟事) 또한 피하지 못했다면 적극적으로 대처하여 자신의 권익과 권리를 지켜내야 하는 것이 우선이다.

일반인들이 법률을 어렵게 여기는 것은 그 내용이 어렵고 방대하다는 것에도 기인하지만, 그 절차상의 복잡함과 생소함 또한 무시하지 못할 일일 것이다.

어디 가서, 무엇을, 어떻게 해야 할지를 모르는 절차상의 복잡함과 난망함이 바로 일반인들이 법률을 어렵게 느끼는 것이라는 책임감과 함께 '사례중심 고소장·내용증명 작성법'을 출간한 지 수년이 지났다.

고소는 주지하다시피 수사의 단서 중 그 비중이 가장 높은 것이다. 그럼에도 막상 고소를 하려면 어디에 가서 어떻게 해야 하는지 몰라서 당황하는 사람들이 많으며 또한 법학을 전공한 학생들도 '고소장' 하나 제대로 작성하지 못하는 경우가 비일비재하다.

또한 내용증명은 그 자체로서는 아무런 법적인 강제력이 부여되는 것은 아니지만 재판 실무상에서 발휘되는 '증거의 보전' 효과는 무시할 수 없는 부분이다. 게다가 내용증명우편을 받은 사람에게 가해지는 '심리적 압박감'으로 인해 복잡하기만 한 일들도 쉽게 해결되는 경우가 많이 있음을 흔히 찾아 볼 수 있다.

이번 2024년 개정7판에서는 그동안 미처 반영하지 못하였던 형법 개정사항 외에 형사 관련 특별법도 최신의 개정내용으로 모두 반영하면서 기존의 내용을 삭제·변경하고 추가하는 작업을 하였다.

어렵게만 느껴지는 법률상의 절차와 과정을 일반인들도 쉽게 이해하고 쉽게 활용할 수 있는 안내서이자 지침서로서 이 책이 역할을 할 수 있으리라 기대해 본다.

고소장 작성이 필요한 이는 피해자이며, 내용증명을 작성하는 이 또한 피해자이자 권리자이다.

피해자이자 권리자로서, 그 권리를 당당히 찾으라.

2023. 12. 26.
편저자 송희식, 조장형 드림

차 례

제1편 고소장

제2편 내용증명

제1편

고소장

1. 고소

▌Point 1 ▌ 고소란?

고소란 범죄의 피해자 또는 그와 일정한 관계가 있는 고소권자가 수사기관에 대하여 범죄사실을 신고하여 범인의 처벌을 구하는 의사표시를 말한다. 다만, 단순한 범죄피해신고 또는 전말서의 제출등은 고소가 아니다.

고소는 피해자 도는 고소권자 아닌 제3자가 하는 '고발'과는 구별된다.

(1) 범죄사실의 신고

고소는 범죄사실을 신고하는 것이므로 범죄사실을 특정하여 하여야 한다. 다만, 범행의 일시나 장소 · 방법 · 죄명 등을 상세히 지적할 필요는 없으며 구체적으로 어떤 범죄사실을 대상으로 범인의 처벌을 구하고 있는지를 확정할 수 있을 정도로 고소인의 의사표시가 표현되면 충분하다.

(2) 수사기관에 대한 신고

고소는 수사기관에 대하여 하는 것이므로 법원 등에 진정서를 제출하는 것은 고소가 아니다.

(3) 범인의 처벌을 구하는 의사표시

고소는 범인의 처벌을 구하는 의사표시이다. 그러므로 피해사실만을 신고하고 범인의 처벌을 구하지 않으면 고소라고 할 수 없다.

▌Point 2 ▌ 고소권자는 누구?

고소권자만이 고소를 할 수 있으므로 고소권이 없는 사람이 한 고소는 고소로서 효력이 없다.

(1) 피해자

범죄로 인한 피해자는 고소할 수 있다. 그러나 자기 또는 배우자의 직계존속은 성폭력범죄와 가정폭력을 제외하고는 고소할 수 없다.

(2) 피해자의 법정대리인

피해자의 법정대리인은 독립하여 고소할 수 있다. 여기서의 법정대리인은 친권자나 후견인 등과 같이 무능력자의 행위를 일반적으로 대리할 수 있는 자만을 가리키며 재산관리인이나 파산관재인과 같이 특정한 행위만을 대리하는 법정대리인은 포함되지 않는다.

(3) 피해자의 배우자 · 친족

피해자의 법정대리인이 피의자이거나 법정대리인의 친족이 피의자인 때에는 피해자의 친족은 독립하여 고소할 수 있다.
또한 피해자가 사망한 때에는 그 배우자나 직계친족 또는 형제자매가 고소할 수 있다. 다만, 피해자의 명시한 의사에 반하여 고소할 수는 없다. 사자(死者)의 명예를 훼손한 범죄에 대하여는 그 친족 도는 자손이 고소할 수 있다.

(4) 지정고소권자

친고죄에서 고소할 자가 없는 경우에 이해관계인의 신청이 있으면 검사는 10일 이내에 고소할 수 있는 자를 지정해야 한다. 여기서의 이해관계인이란 고소로 인하여 법률상 또는 사실상 이해관계를 가지는 자를 말한다.

▌Point 3 ▌ 고소는 어떻게?

(1) 고소는 서면 또는 구술로

고소는 서면 또는 구술로 피고소인의 주소지 또는 범죄발생지 관할 검찰청 또는 경찰서에 하여야 한다. 검사 또는 사법경찰관이 구술에 의한 고소를 받을 때에는 조서를 작성하여야 한다. 고소는 대리인으로 하여금 하게 할 수 있다.

전보나 전화로 하는 고소는 조서를 작성하지 않는 한 유효하지 않다.

(2) 고소는 언제까지?

친고죄는 범인을 알게 된 날로부터 6월을 경과하면 고소하지 못한다. 친고죄는 피해자의 고소가 소송조건이므로 공소제기여부를 오랫동안 일반인의 의사여부에 맡겨두는 것을 막기 위한 것이다.

그 외에 친고죄외의 범죄에 대해서는 고소기간의 제한이 없다.

범인을 알게 된 날이란 범인이 누구인지 특정할 수 있을 정도로 알게 된 날을 말하며, 범인의 주소·성명 등을 반드시 알아야 하는 것은 아니다.

다만, 친고죄의 경우에도 ⅰ) 고소할 수 없는 불가항력의 사유가 있을 때에는 그 사유가 없어진 날부터 6월의 기간이 기산 되고, ⅱ) 결혼목적 약취유인죄에서는 약취·유인된 자가 혼인을 한 경우의 고소는 혼인의 무효 또는 취소의 재판이 확정된 날로부터 고소기간이 진행된다.

▌Point 4 ▌ 친고죄

친고죄(親告罪)는 고소권자의 고소 없이 검사가 공소를 제기하지 못한다. 이를 위반하면 공소는 기각된다. 친고죄에는 '상대적 친고죄' 즉 일반인과의 관계에서는 친고죄가 아니지만 범인에게 일정한 신분이 있음으로써 친고죄로 되는 경우[ex:친족상도(親族相盜)]와 '절대적 친고죄' 즉 범인의 신분과 관계없이 친고죄로 되는 경우(ex:사자명예회손죄, 비밀침해죄, 비밀누설죄, 모욕죄)가 있다.

참고_ 2013. 6. 19. 이후 성관련 범죄의 친고죄 · 반의사불법죄 조항 삭제 · 폐지

- 2013. 6. 19.부터 성범죄 친고죄 조항이 60년만에 폐지되면서 피해자의 고소 없이 성폭력범죄를 처벌할 수 있도록 종전의 모든 성범죄에 대한 친고죄(형법상 성범죄, 성폭력법상 성범죄)와 반의사불벌죄(아동 · 청소년의성보호에관한법률상의 성범죄) 조항이 삭제되어 피해자가 아니라도 고발할 수 있고 피해자의 나이 · 성별에 관계없이 수사기관이 직접 수사할 수 있게 되었다. 강간죄의 객체를 부녀에서 사람으로 변경하여 그동안 남성피해자에 대해서는 강제추행죄만 처벌할 수 있었던 사항을 남성도 강간 피해자로 보호받을 수 있게 되었다. 또한 형법에 폭행, 협박에 의한 구강, 항문 등 유사강간에 대한 처벌규정을 신설해 강제추행죄에 비해 가중 처벌이 가능하게 되었다.

- 아동 · 청소년 대상 강간 또는 이들을 이용한 음란물 제작은 최대 무기징역이 가능하게 되었고, 공소시효는 성범죄로 피해를 받은 아동 · 청소년이 성년에 달한 날부터 진행되며, DNA 증거 등 그 죄를 증명할 수 있는 과학적인 증거가 있는 때에는 공소시효가 10년 연장된다(아동 · 청소년보호법 제7조). 또한 13세 미만 또는 장애인을 상대로 한 강제추행죄에 대한 공소시효는 사라지고, 강간살인죄는 연령과 상관없이 공소시효를 적용받지 않게 되었다.

Point 5 ┃ 고소의 취소는 어떻게?

친고죄의 고소기간은 범인을 알게 된 날로부터 6개월이며, 이 기간을 경과하면 고소하지 못한다. 고소할 수 없는 불가항력의 사유가 있는 데에는 그 사유가 없어진 날로부터 기산한다(형사소송법 제230조 제1항).

Point 6 ┃ 고소의 취소는 어떻게?

친고죄의 고소는 제1심 판결선고 전까지 취소할 수 있다. 제1심 판결선고 후에 한 고소의 취소는 그 효력이 없다. 친고죄이외의 고소는 언제나 취소할 수 있다.

고소취소의 방법은 고소의 방법과 같이 서면 또는 구술로서 수사기관에 대하여 할 수 있다. 다만, 공소제기후의 고소취소는 법원에 대하여도 할 수 있다.

고소인과 피고소인 사이에 합의서가 작성된 것만으로는 수사기관이나 법원에 대한 고소취소의 의사표시라고 할 수 없으므로 고소취소의 효력이 없다.

고소의 취소를 다시 취소할 수 없으며 고소를 취소한 자는 다시 고소하지 못한다.

Point 7 ┃ 고발

고발이란 고소권자와 범인 이외의 제3자가 수사기관에 대하여 범죄사실을 신고함으로써 범인의 처벌을 희망하는 의사표시를 말한다. 고소권자와 범인 이외의 사람이면 누구든지 범죄가 있다고 생각할 때에는 고발할 수 있고, 공무원의 경우는 그 직무를 행함에 있어 범죄가 있다고 생각되면 고발을 하여야 한다(형소법 제234조).

고발은 대리인이 할 수 없으며, 시간에 제한이 없고, 고발에 대한 취소 후의 재고발이나 제1심 판결 후의 최소도 가능하다. 고발은 고소와 같이 서면이나 구술을 통해 검사나 사법경찰관에게 하며, 검사나 사법경찰관은 고발조서를 작성해 3일내에 수사를 완료, 공수제기 여부를 결정하게 된다.

만일 고발한 사건이 검사로부터 불기소처분을 받았을 경우 고발인은 일정한 기간내에 담당 검사가 속한 지방검찰청이나 지청을 거쳐 고등검찰청장에 항고할 수 있고, 항고 기각처분을 받았을 경우 검찰총장에게 재항고할 수 있다. 고발에 대한 제한으로는 자기 또는 배우자의 직계존속에 대해서는 고발할 수 없다(형사소송법 제235조).

한편 직무집행 공무원은 그 직무를 행함에 있어 죄가 있다고 생각되면 고발의 의무를 지는 경우가 있으며, 대개 전속적 고발권을 갖는다. 즉 조세범처벌법 · 관세법 · 부정수표단속법 · 독점규제법 · 출입국관리법 · 외자관리법 · 외자도입법 등 특별한 행정법규 위반범죄의 경우에는 그 업무를 취급하는 행정기관의 고발이 있어야 논할 수 있다. 즉 공무원의 고발을 기다려 죄를 논하게 되는 소위 즉시 고발사건의 경우에는 고발이 친고죄의 고소와 같이 소송조건으로서의 성질을 갖는다.

▌Point 8 ▌ 고소장 선별수리제도, 고소사건 조정제도

각급경찰서는 민사사건의 형사사건으로 하는 고소 · 고발건의 남발을 방지하기 위해 고소 · 고발장 접수전 수사과장 등의 검토 후 접수를 받는 '고소장 선별수리제도'를 운영하고 있다.

또한 법무부의 권고에 따라 검찰청은 '고소사건 조정제도'를 도입하고 있다. 형사조정 제도란 재산범죄 고소사건(사기, 횡령, 배임 등)과 소년, 의료, 명예훼손, 모욕, 지적재산권 침해 등 민사 분쟁 성격의 형사사건에 대하여 검찰청에 설치된 형사조정위원회에서 분쟁을 조정해 실질적인 피해 회복과 화해를 도모하는 제도를 말한다.

참고_ 형사조정제도 진행절차

- 당사자의 신청 또는 검사 직권으로 수사 중인 형사사건을 형사
  조정위원회에 회부할 수 있으며, 형사조정위원회는 당사자 전
  원의 동의유무를 확인한 후, 기록검토 및 당사자 의견 청취(조정
  기일) 후 합의점을 제안·설득하여 당사자들이 전원이 찬성하면
  바로 조정이 성립된다.
- 형사조정신청은 사건이 검찰에 송치된 대로부터 2개월 이내에
  신청할 수 있고 기소된 이후에는 조정신청을 할 수 없다.
- 조정기일에 조정이 성립되면 담당 검사는 형사조정 성립을 정
  상참작사유로 고려하여 사건에 대한 처분을 하게 되고, 피해자
  는 합의된 내용에 따라 신속히 피해회복을 받게 된다.
- 조정기일에 조정이 불성립되면 검사는 해당 사건을 다시 송치
  받아 형사소송의 통상절차에 따라 조사한 후 사건에 대한 기소
  여부 등의 처분을 하게 된다.

참고_ 고소장(고발장) 작성 및 제출방법

1. 작성: 고소장에는 피고소인의 인적사항(성명, 주소, 주민등록번호)
   및 연락처 등을 기재하되, 이를 모를 경우에는 알고 있는 인상
   착의, 전화번호 등으로 인적사항을 최대한 구체화할 필요가 있
   다.
2. 제출: 고소장 1부를 피고소인의 주소지 또는 범죄발생지를 관
   할하는 경찰서 또는 검찰청에 제출(우편접수 가능)하여야 한다.
   다만, 경찰서에 제출할 경우에는 고소인의 편의를 위해 그 주
   소지 관할 경찰서에 제출할수 있다. 제출에 재한 별도의 비용
   은 없다.

3. 고소대리 위임: 고소 또는 그 취소는 대리인(대리인의 자격에는 아무런 제한이 없음)으로 하여금 하게 할 수 있으므로 사실관계를 잘 알고 있는 자를 대리인으로 하여 고소장 제출 및 진술도 가능하다. 주로 성범죄관련 피해자 혹은 거동이 불편한 경우 대리인에 의한 고소가 유용하다. 고소대리 위임장은 고소장 말미에 첨부하거나, 고소인 보충조사시 지참하여 제출하면 된다.

4. 고발장은 1부를 작성하여 피고발인 주소지 또는 범죄발생지 관할 경찰서 또는 검찰청에 제출한다. 다만, 관련사건이 진행되고 있다면 관련사건 수사기관에 제출하여도 무방하다.

▣ 보이스 피싱범죄

보이스 피싱이란 음성(voice)과 개인정보(private data), 낚시(fishing)를 합성한 신조어로 주로 전화를 통해 불법적으로 취득한 개인정보를 이용한 전화금융사기 범죄를 의미한다. 보이스피싱 범죄는 통상적으로 믿을 수 있는 기관을 사칭해서 개인정보 등을 알아내고 현금인출책을 통해 현금을 인출하거나 다른 용도로 사용하는 금융 사기에 집중되어 있다. 기본적으로 보이스피싱 범죄의 경우 사기죄로 처리되지만 피해금액이 큰 경우에는 「특정경제범죄 가중처벌 등에 관한 법률」상의 사기죄가 적용된다.

▣ 전기통신금융사기 (피싱사기)

- 전기통신을 이용하여 타인을 기망(欺罔)·공갈(恐喝)함으로써 자금 또는 재산상의 이익을 취하거나 제3자에게 자금 또는 재산상의 이익을 취하게 하는 행위를 말한다. 다만, 재화의 공급 또는 용역의 제공 등을 가장한 행위는 제외하되, 대출의 제공·알선·중개를 가장한 행위는 포함된다(「전기통신금융사기 피해 방지 및 피해금 환급에 관한 특별법」 제2조제2호).

– 범죄의 주요 유형

(1) 자녀납치 및 사고 빙자 편취
자녀와 부모의 전화번호 등을 사전에 알고 있는 사기범이 자녀의 전화번호로 발신자번호를 변조, 부모에게 마치 자녀가 사고 또는 납치 상태인 것처럼 가장하여 부모로부터 자금을 편취하는 수법 (학교에 간 자녀 납치 빙자, 군대에 간 아들 사고 빙자, 유학중인 자녀 납치 또는 사고 빙자 등)

(2) 메신저상에서 지인을 사칭하여 송금을 요구
타인의 인터넷 메신저 아이디와 비밀번호를 해킹하여 로그인한 후 이미 등록되어 있는 가족, 친구 등 지인에게 1:1 대화 또는 쪽지 등을 통해 금전, 교통사고 합의금 등 긴급자금을 요청하고 피해자가 속아 송금하면 이를 편취

(3) 인터넷 뱅킹을 이용해 카드론 대금 및 예금 등 편취
명의도용, 정보유출, 범죄사건 연루 등 명목으로 피해자를 현혹하여 피싱사이트를 통해 신용카드정보(카드번호, 비밀번호, CVC번호) 및 인터넷뱅킹정보(인터넷뱅킹 ID, 비밀번호, 계좌번호, 공인인증서 비밀번호, 보안카드번호 등)를 알아낸 후, 사기범이 ARS 또는 인터넷

으로 피해자명의로 카드론을 받고 사기범이 공인인증서 재발급을 통해 인터넷뱅킹으로 카드론 대금 등을 사기범계좌로 이체하여 편취

(4) 금융회사, 금융감독원 명의의 허위 긴급공지 문자메시지로 기망, 피싱사이트로 유도하여 예금 등 편취
금융회사 또는 금융감독원에서 보내는 공지사항(보안승급, 정보유출 피해확인 등)인 것처럼 문자메시지를 발송하여 피싱사이트로 유도한 후 금융거래정보를 입력하게 하고 동 정보로 피해자 명의의 대출 등을 받아 편취

(5) 전화 통화를 통해 텔레뱅킹 이용정보를 알아내어 금전 편취
50~70대 고령층을 대상으로 전화통화를 통해 텔레뱅킹 가입 사실을 확인하거나 가입하게 한 후, 명의도용, 정보유출, 범죄사건 연루 등 명목으로 피해자를 현혹하여 텔레뱅킹에 필요한 정보(주민등록번호, 이체비밀번호, 통장비밀번호, 보안카드일련번호, 보안카드코드 등)를 알아내어 피해자 계좌에서 금전을 사기범계좌로 이체하여 편취

(6) 피해자를 기망하여 자동화기기로 유인 편취
국세청, 건강보험공단, 국민연금관리공단 직원 등을 사칭하는 자가 피해자에게 전화하여 세금, 보험료, 연금 등이 과다 또는 오류 징수되어 환급하여 주겠다며 자동화기기로 유인, 기기를 조작하게 하여 자금을 편취

(7) 피해자를 기망하여 피해자에게 자금을 이체하도록해 편취
① 검찰, 경찰, 금융감독원 등 공공기관 및 금융기관을 사칭하는 자가 누군가 피해자를 사칭하여 예금인출을 시도한다고 기망한 후 거래내역 추적을 위해 필요하다면서 사기범이 불러주는 계좌로 이체한 후 편취

② 사기범들이 학생의 대학지원 명세를 빼내 실제 대학교의 전화
　번호로 변조하여 학부모 및 학생에게 전화해서 사기범계좌로
　등록금 납부를 요구하여 편취

⑧ 신용카드정보 취득 후 ARS를 이용한 카드론 대금 편취
명의도용, 정보유출, 범죄사건 연루 등 명목으로 피해자를 현혹하
여 신용카드정보(카드번호, 비밀번호, CVC번호)를 알아낸 후, 사기범
이 ARS를 통해 피해자 명의로 카드론을 받음과 동시에 피해자에
게 다시 전화를 걸어 허위로 범죄자금 입금사실을 알리고 피해자
에게 사기범계좌로 이체토록 유도하여 편취

⑨ 상황극 연출에 의한 피해자 기망 편취
은행직원, 경찰·검찰 수사관을 사칭한 사기범들이 은행객장과
경찰서, 검찰청 등의 사무실에서 실지로 일어나는 상황 연출로 피
해자를 기망하여 금전 편취

⑩ 물품대금 오류송금 빙자로 피해자를 기망하여 편취
사기범이 문자메시지 또는 전화로 물품대금, 숙박비 등을 송금하
였다고 연락한 후, 잠시후 실수로 잘못 송금하였다면서 반환 또는
차액을 요구하여 편취

〈출처 : 금융감독원, 민원·신고-보이스피싱 참조〉

2. 사기

▌Point 1▌ 사기죄란?

검찰청 통계에 의하면 각종 고소사건 가운데 가장 많은 비율을 차지하는 것이 바로 사기죄인 걸 알 수 있다.

하지만 알고 보면 단순히 돈을 빌려주고 받지 못하는 경우 채무자를 사기죄로 고소하는 경우가 많다. 즉, 단순한 민사사건을 사기죄로 고소하는 것이다.

앞에서도 살펴보았듯이 하나의 범죄가 성립하려면 구성요건해당성, 위법성, 책임능력이 있어야 한다.

사기죄도 마찬가지로 사기죄의 구성요건해당성이 있어야 하고 위법해야 하며, 행위자가 책임능력이 있어야 한다.

돈을 빌려주고 못 받는 경우 당사자의 억울하고 원통한 마음이야 모를 바 아니지만 그렇다고 돈 빌린 사람을 모두 사기죄로 처벌할 수는 없는 일이다. 채무자가 재산이 있는 데도 돈을 갚지 않는 경우 취할 조치들은 민사절차에 의해서도 가능한 일이다(자세한 것은 해당 분야에서 살펴보도록 한다).

그러므로 여기에서는 무엇이 사기죄에 해당되는 것이고 사기죄의 유형에는 어떠한 것들이 있는 지 대략적으로 살펴보도록 하겠다.

사기죄란 사람을 기망하여 재물의 교부를 받거나 재산상의 이익을 취득하거나 제3자로 하여금 취득하게 함으로써 성립하는 범죄이다. 즉, 자신뿐만 아니라 자신의 식구, 친척, 친구 등 제3자에게 재물이나 재산상의 이익을 취득하게 하는 것도 사기죄에 해당한다.

| Point 2 | 어떠한 것이 해당하는가? _구성요건

(1) 객관적 구성요건

1) 재물 또는 재산상의 이익

① 재물 : 타인소유·타인점유의 재물을 말한다.

② 재산상의 이익 : 노무를 제공하게 하거나 담보를 제공하게 하는 적극적인 이익뿐만 아니라 채무를 면제하게 하거나 변제기간을 유예하게 하는 등의 소극적인 이익도 포함한다. 또한 그 이익은 구체적인 이익일 것을 필요로 한다.

2) 기망행위

허위의 의사표시에 의하여 타인을 착오에 빠트리는 일체의 행위를 말한다. 즉, 거짓의 말이나 글, 행동 등으로 타인이 그 말이나 글, 행동 등을 진실한 것으로 믿도록 하는 모든 행위를 일컫는 것이다.

① 사실 : 구체적으로 증명할 수 있는 과거와 현재의 상태로서 상대방이 재산적 처분행위를 함에 있어서 판단의 기초가 될 수 있는 것이다.
즉, 사실대로 말하면 돈을 빌려줄 것 같지 않아서 거짓으로 용도를 속이고 돈을 빌린 경우와 같이 돈을 빌려줄 판단을 할 사실에 대해서 허위로 의사표시를 한 경우 사기죄의 기망에 해당한다(대판 1995.9.12, 95도707).

② 수단 : 기망을 하는 수단·방법에는 제한이 없다. 언어나 문서, 거동, 적극적 주장, 소극적 침묵, 직접·간접, 작위·부작위 등 의사표시로 인정될 만한 것이면 된다.

3) 묵시적 기망행위

① **작위 · 부작위** : 행동(작위 · 부작위)에 의하여 허위의 주장을 하는 것을 말한다. 이 경우 사회통념에 의해 행위자의 행위가 기망행위로 인정될 만한 설명가치를 가질 때에 인정되는 것이다.

② **무전취식 · 무전숙박** : 처음부터 돈을 지불할 의사나 능력이 없이 음식점이나 여관 등에서 취식하거나 숙박하는 경우, 주문이나 숙박하는 행위는 돈을 지불할 의사나 능력이 있음을 묵시적으로 설명하는 것이므로 묵시적 기망행위에 해당된다고 할 수 있다.
그러나 몰래 단순히 도주한 경우에는 사기죄의 기망행위에 해당된다고 볼수는 없으나 경범죄처벌법위반으로 처벌된다.

4) 부작위에 의한 기망행위

인간의 행위는 작위와 부작위로 이루어진다. 부작위란 작위의무 있는 자가 그 의무에 위반하여 아무런 작위를 하지 않는 것, 즉 부작위하는 것을 말한다. 철도 공무원이 철길에서 열차가 오는데 차단기를 내리지 않는 것(철도 공무원은 철도법에 의해 열차가 오면 차단기를 내릴 의무가 있다), 엄마가 아기에게 젖을 수유하지 않는 것 등을 들 수 있다.

① **성립요건** : 상대방(처분행위자)은 행위자(기망행위자)와 관계없이 스스로 착오에 빠져 있어야 한다. 또한 행위자(기망행위자)는 상대방의 착오를 제거해야 할 보증인지위에 있어야 한다.
매매목적물인 부동산의 소유권귀속에 대하여 법적분쟁이 있다면 부동산의 매도인은 이를 매수인에게 알려야할 고지의무가 있는 것이다 (대판 1986.9.9, 86도956).

② **거스름돈 사기** : 받아야 할 거스름돈 보다 많은 돈을 주는 것을 미리 알면서 이를 알리지 않고 그냥 수령한 경우 신의칙상 고지의무에 위반하여 부작위에 의한 사기죄가 성립한다는 것이 판례의 태도이다.

5) 상대방

기망행위의 상대방은 재산에 대하여 처분행위를 할 수 있는 권한이나 지위에 있는 자이어야 한다. 그러나 재산상의 피해자와 처분행위자가 동일인일 필요는 없다. 이를 삼각사기라고 한다.

소송사기의 경우 법원에 허위사실을 주장하거나 허위증거를 제출하여 유리한 판결을 받고 이에 의해 강제집행을 하여 재산을 취득하는 것으로서 이때 피기망자는 법관이고 재산상의 피해자는 피고소인(또는 고소인)으로서 삼각사기의 일종이다.

6) 착오의 야기

행위자의 기망행위로 인해 피기망자에게 착오가 야기되어야 한다.

착오는 반드시 법률행위의 중요부분에 대한 것일 필요는 없고 판단의 기초가 되는 동기의 착오로도 충분하다.

또한 기망행위와 착오사이에 인과관계가 있어야 한다. 즉, 바로 그 기망행위에 의해 착오가 발생된 것이어야 한다. 이러한 인과관계가 인정되지 않을 경우에는 사기죄의 미수가 되는 것이다.

7) 처분행위

직접 재산상의 손해를 초래하는 작위 또는 부작위를 말한다. 부작위는 앞에서 살펴보았듯이 채무의 면제나 기한의 유예 등을 들 수 있다.

이 처분행위는 상대방의 처분행위 없이 행위자 자신이 자신의 행위에 의해 재물을 이전하는 절도죄와의 구별을 가능하게 해준다. 즉, 처분행위가 있으면 사기죄, 처분행위가 없으면 절도죄가 성립하는 것이다.

8) 재산상 손해판단의 기준

① **객관적 요소** : 처분행위 전후의 재산의 전체가치를 형량하여 처분행위 후의 재산의 전체가치가 감소된 경우에는 재산상 손해가 인정된다.

② **개별적 요소** : 처분행위로 인한 급부와 반대급부가 동가치적일때는 개별적으로 판단해야 한다. 아동에게 불필요한 책을 필요하다고 속이고 판매한 경우나 피해자에게 과도한 경제적 부담을 지우는 것, 구걸사기나 기부금사기처럼 그 처분행위의 사회적 목적이 없어진 경우 등은 재산상 손해가 인정된다고 할 수 있다.

또한 경제적 관점에서 재산가치에 대한 구체적 위험만으로도 재산상의 손해는 인정된다. 지불능력 없는 자에게 금전을 대여한 경우, 지급의사나 능력없는 자가 신용카드를 발급받는 경우 등은 재산가치에 대한 구체적 위험이 존재하므로 재산상 손해가 인정되는 것이다.

(2) 주관적 구성요건

사기에 대한 고의와 불법영득·불법이득의사가 있어야 한다. 고의가 존재하지 않으면 과실범이 될 수밖에 없으나 사기죄는 과실범 처벌규정이 없다.

| Point 3 | 위법성

(1) 위법성이란 구성요건에 해당하는 행위가 법질서 전체의 입장과 객관적으로 모순·충돌하는 성질을 말한다. 즉, 법질서 전체의 관점에서 객관적으로 행해지는 부정적 가치판단이 위법성인 것이다.

보통 구성요건에 해당하면 위법성은 추정이 되나 위법성조각사유가 존재하면 위법성조각사유에 의해 그 위법성이 조각된다.

위법성조각사유는 정당방위(형법 제21조), 긴급피난(형법 제22조), 자구행위(형법 제23조), 피해자의 승낙(형법 제24조), 정당행위(형법 제20조) 등이 형법총칙상의 위법성조각사유이며 형법각칙상에는 명예훼손죄에서의 사실의 증명(형법 제310조)이 있다.

(2) 사기죄의 경우 위법성 부분에서 문제가 되는 것은 권리실현의 수단으로서 기망을 사용하여 재물을 교부받은 경우이다.

즉, 채권자가 자기의 돈을 받기 위해 채무자에게 기망을 수단으로 돈
을 돌려 받은 경우 사기죄가 성립할 것인가의 문제이다.

이 경우에도 권리의 남용으로서 위법성이 인정되므로 사기죄가 성립
한다는 것이 판례의 태도이다.

| Point 4 | 책임

책임이란 규범이 요구하는 합법을 결의하고 이에 따라 행동할 수 있
었음에도 불구하고 불법을 결의하고 위법하게 행위하였다는 데 대하
여 행위자에게 내려지는 비난가능성을 말한다. 즉, 행위자에게 자기
행위에 대한 책임을 지울 수 있는 가에 대한 행위자에 대한 주관적
판단으로서 행위자의 개인적 특수성이 고려된다.

책임의 요소로서는 책임요소로서의 고의 또는 과실, 책임능력, 비난
가능성 등이 있다.

우리 형법상 책임무능력자는 14세 미만자이며, 심신미약자 · 농아자
는 한정책임능력자이다.

책임무능력자의 행위는 처벌할 수 없으며, 한정책임능력자는 그 형
을 감경해야 한다(필요적 감경).

| Point 5 | 사기죄의 처벌은?

(1) 형법상의 처벌

사기죄를 범한 자는 10년 이하의 징역 또는 2천만원 이하의 벌금에
처한다(형법 제347조). 또한 10년이하의 자격정지를 병과할 수도 있다.
또한 본 죄의 미수범은 처벌한다.

(2) 특정경제범죄가중처벌등에관한법률상의 처벌

사기죄나 상습사기죄를 범한 자가 자기 또는 제3자로 하여금 취득하

게 한 재물 또는 재산상의 이익의 가액이 5억원 이상인 때에는 다음과 같이 가중처벌한다.

① 이득액이 50억원이상인 때 : 무기 또는 5년 이상의 징역에 처한다.
② 이득액이 5억원 이상 50억원 미만인 때 : 3년 이상의 유기징역에 처한다.

또한 이득액 이하에 상당하는 벌금을 병과할 수도 있다.

┃ Point 6 ┃ 형법상 사기의 죄

위에서 살펴본 사기죄(형법 제347조) 외에 해당하는 사기죄는 다음과 같다.

(1) 컴퓨터등 사용사기죄

① 컴퓨터 등 정보처리장치에 허위의 정보 또는 부정한 명령을 입력하여 정보처리를 하게 함으로써 재산상의 이익을 취득하거나 제3자로 하여금 취득하게 함으로써 성립하는 범죄이다.
사람에 대한 기망행위가 없고 재물의 점유이전을 수반하지 않기 때문에 사기죄·절도죄로 처벌할 수 없다는 점을 고려한 구성요건이다.

② 처벌 : 10년 이하의 징역 또는 2천만원 이하의 벌금에 처한다.
10년 이하의 자격정지를 병과할 수 있다.

(2) 준사기죄

① 미성년자의 지려천박 또는 사람의 심신장애를 이용하여 재물의 교부를 받거나 재산상의 이익을 취득하거나 또는 제3자로 하여금 재물의 교부를 받게 하거나 재산상의 이익을 취득하게 함으로써 성립하는 범죄이다.
상대방의 하자있는 의사상태를 이용하는 점에서 사기죄에 준하여 취

급되는 범죄이다.

② **처벌** : 10년이하의 징역 또는 2천만원 이하의 벌금에 처한다. 10년이하의 자격정지를 병과할 수 있다.

(3) 편의시설부정이용죄

① 부정한 방법으로 대가를 지급하지 아니하고 자동판매기, 공중전화 기타 유료자동설비를 이용하여 재물 또는 재산상의 이익을 취득함으로써 성립하는 범죄이다. 기계화된 유료자동설비의 사회적 기능이 확대됨에 따라 그 기능을 보호하기 위하여 신설한 구성요건이다.

② **처벌** : 3년 이하의 징역, 500만원 이하의 벌금, 구류 또는 과료에 처한다. 10년 이하의 자격정지를 병과할 수 있다.

(4) 부당이득죄

① 사람의 궁박한 상태를 이용하여 현저하게 부당한 이익을 취득하거나 제3자로 하여금 취득하게 함으로써 성립하는 범죄이다. 궁박한 상태에 있는 타인의 하자있는 상태를 이용한다는 점에서 사기죄와 유사한 규성요건이다.

② **처벌** : 3년 이하의 징역 또는 1천만원 이하의 벌금에 처한다. 10년 이하의 자격정지를 병과할 수 있다.

(5) 상습사기등 죄

① 상습으로 사기죄·컴퓨터등 사용사기죄·준사기죄·편의시설부정이용죄·부당이득죄를 범함으로써 성립되는 범죄이다. 상습성으로 인해 책임이 가중되는 구성요건이다.

② **처벌** : 각각 그 죄에 정한 형의 1/2까지 가중한다. 미수범도 처벌하며 10년 이하의 자격정지를 병과할 수 있다.

고 소 장

고소인	성명	김○○
	주민등록번호	000000-0000000
	전화	000-0000/010-0000-0000
	주소	○○시 ○○구 ○○동 ***
피고소인	성명	정○○
	주민등록번호	000000-0000000
	전화	000-0000/010-0000-0000
	주소	○○시 ○○구 ○○동 ***

고소취지

고소인은 피고소인을 상대로 아래와 같이 유가증권 변조등의 죄로 고소를 제기하오니 철저히 조사하시어 엄벌하여 주시기 바랍니다.

고소이유

피고소인은 2○○○. ○○. ○○.경 고소외 ○○○로부터 물품대금의 견질용으로 ○○○ 명의의 이건 당좌수표 2매(각 발행일자 2○○○. ○○. ○○. 액면금 2억원과1억원)을 교부받아 보관하던 중 위 지급제시기일이 도과한 2○○○. ○○.월경 위 ○○석유가 ○○석유와 합병되면서 인계 인계 과정을 거치던 중 이건 수표의 지급제시 기간이 도과하여 형사상 무효인 이건 수표를 제시하여 고발함으로서 발행인으로부터 담보물 외 물품대금의 변제를 강요하는데 행사할 목적으로 가히 다른 어음의 개서를 위하여 일시 보관한 발행인의 인장을 도용하기로 마음먹고 2○○○. ○○.월경 위 회사 사무실에서 볼펜을 사용하여 이건 당좌수표의 각 발행일자 "2000.
○○. ○○."을 한 줄로 지우고 그 밑에 2000. ○○. ○○.로 개
서하고 그 옆에 두 차례 걸쳐 발행인의 인장을 압날하여 마치 진정
하게 개서된 것처럼 변조하고, 2000. ○○. ○○. ○○은행 ○
○지점에 지급 제시하여 이를 행사한 것입니다.

입증방법

1. 당좌수표 2매
1. 발행인의 인장
기타 조사시 제출하겠습니다.

2000. ○○. ○○.
위 고소인 김○○ 인

서울지방검찰청 귀중

해설

1) 수사의 단서 중 가장 그 비중이 높은 것이 고소인데, 고소에 관한
   서식은 서식집 마다 약간씩 다르다. 하지만 약간씩 같지 않아도
   틀린 것은 아니며, 이는 고소가 타인으로 하여금 형사처분이나 징
   계처분을 받게 할 정도로 어느 정도 구체성만 있으면 된다고 보
   여지기 때문이다.

2) 고소장은 쓰지 않고 구술로도 할 수 있으나 이 경우 고소조서를

해당기관에서 작성하여야 하며, 고소를 제기하고자 하는 자는 컴퓨터나 타자기로 잘 정리하여 검찰청민원실이나 경찰서민원실 등에 제출하는 것이 바람직하다.

3) 허위고소와 관련하여 무고죄로 처벌되는 경우가 빈발하고 있는데 이와 관련하여 다음 사항을 알아두면 좋다.

① 행위자가 신고의 내용이 허위라고 오신하였더라도 실제로 그것이 객관적 진실에 합치되는 것이면 무고죄는 성립하지 않는다(대판 82.6.22. 85도826).

② 신고사실의 일부가 진실이고, 나머지가 허위인 때에는 그 허위부분에 대하여 무고죄가 성립한다(대판 83.6.28 81도2546).

③ 단순히 구타당하였을 뿐인데도 구타당하여 상해를 입었다고 고소하거나(대판 73.12.26. 73도2771) 강간죄를 강간치상죄로 고소한 경우(대판 83.1.18, 82도2710)에는 고소내용의 정황을 다소 과장한 것에 불과하므로 무고죄가 성립되지 않는다.

④ 단순히 처벌법규 또는 죄명을 잘못 신고한데 지나지 않는 경우에는 무고죄가 성립되지 않는다(대판 81.6.23, 80도1049).

고소장

고소인	성명	홍○○
	주민등록번호	000000-0000000
	전화	000-0000/010-0000-0000
	주소	○○시 ○○구 ○○동 ***

피고소인	성명	김○○
	주민등록번호	000000-0000000
	전화	000-0000/010-0000-0000
	주소	○○시 ○○구 ○○동 ***

고소취지

피고소인은 ○○회사의 대표이사로서 재직하던중 저에게 회사를 매도할 때 회사 결손금을 실제보다 적게 속이고 매도하여 이익을 취득한 자로서 이에 고소하므로 엄벌에 처해주시길 바랍니다.

고소 이유

1. 피고소인은 2○○○년 ○○시 ○○구에서 아리랑주식회사를 운영하여 오던 자입니다.
2. 피고소인은 동년 ○○월에 저에게 회사를 매도하기로 하여 저는 피고소인에게 재무제표를 제시해 줄 것을 요구하였습니다.
3. 피고소인은 회사의 실제 결속액이 약 ○,○○○만원 내지 ○억원이 되었음을 잘 알고 있었음에도 불구하고 회사 경리직원에게 지시하여 회사 결손금을 실제보다 적은 ○,○○○만원 정도

가 되도록 대차대조표를 줄여서 맞추도록 하였습니다.

4. 이를 진실로 믿은 저는 피고소인과 회사 인수대금을 ○,○○○만원으로 정하고 잔액 ○,○○○만원을 피고소인에게 지급하였습니다.

5. 이에 본 고소에 이르게 된 것입니다.

입증방법

추후 조사시에 제출하겠습니다.

2○○○. ○○. ○○.
위 고소인 홍○○ 인

부산지방검찰청 귀중

해설

1) 위 사안에서 피고소인이 당해 실제 결손액보다 적은 액수로 회사의 결손액을 꾸며서 대차대조표를 작성한 것은 사기죄의 '기망'에 해당한다.

2) '이를 진실로 믿은' 것은 피고소인의 기망에 의해 고소인이 착오에 빠졌다는 것을 나타낸다.

3) 착오에 빠진 고소인은 결국 회사 인수대금책정을 잘못하여 피고소인에게 1500만원을 지급한 것이고 이는 '처분행위'에 해당한다.

4) 이처럼 사기죄는 기망행위 → 착오 → 처분행위 → 손해의 발생 등으로 정리할 수 있으며 고소장에는 이에 해당하는 사실을 차례로 적시하여 주면 된다.

고소장

고소인	성명	홍○○
	주민등록번호	000000-0000000
	전화	000-0000/010-0000-0000
	주소	○○시 ○○구 ○○동 ***
피고소인	성명	김○○
	주민등록번호	000000-0000000
	전화	000-0000/010-0000-0000
	주소	○○시 ○○구 ○○동 ***

고소취지

피고소인은 부동산매매목적물이 유언으로 재단법인에 출연된 사실을 숨기고 매도하여 고소인으로부터 매매대금 ○,○○○만원을 편취하였는 바 엄중한 처벌을 해 주십시오

고소이유

1. 피고소인은 亡 김○○의 장남입니다.
2. 피고소인은 亡 김○○이 유언으로 甲재단법인에 출연한 부동산을 고소인에 매도할 때 이와 같은 사실을 속이고 마치 자신이 상속받은 것처럼 꾸미고 매도하였습니다.
3. 피고소인은 고소인으로부터 계약금 및 중도금 합 ○,○○○만원을 편취하여 본 고소에 이르게 된 것입니다.

입증방법

추후 조사시에 제출하겠습니다.

2000. 00. 00.
위 고소인 홍○○ 인

서울지방검찰청 귀중
(양천경찰서장 귀하)

해설

1) 부작위에 의한 사기에 관한 사안이다.

2) 피고소인은 매매목적이 된 부동산을 매매할 때에 고소인에게 그 부동산이 재단법인에 출연된 사실을 고지하여야 할 의무가 있다.

3) 이러한 고지의무에 위반하여 마치 자신이 상속받은 것처럼 속이고 매도하였으므로 부작위에 의한 사기죄가 성립한다.

고소장

고소인	성명	홍○○
	주민등록번호	000000-0000000
	전화	000-0000/010-0000-0000
	주소	○○시 ○○구 ○○동 ***
피고소인	성명	임○○
	주민등록번호	000000-0000000
	전화	000-0000/010-0000-0000
	주소	○○시 ○○구 ○○동 ***

고소취지

피고소인은 로테백화점 신상품을 판매함에 있어서 종전에는 높은 가격으로 판매되던 것을 특정한 할인판매기간에 한하여 특별히 할인된 가격으로 싸게 판매하는 것처럼 속이고 변칙세일을 하여 고소인에게 재산상의 피해를 입힌 자로서 엄정한 수사에 의해 엄벌에 처해주십시오.

고소이유

1. 피고소인은 ○○백화점의 의류부장으로 재직하던 자입니다.
2. 피고소인은 ○○의류를 판매함에 있어서 종전에는 높은 가격에 판매된 일이 없음에도 높은 가격의 가격표를 부착하고 할인율을 표시한 가격표를 동시에 부착하였습니다.
3. 즉, 할인율을 표시한 가격표는 ○○의류의 정상적인 가격임에도 불구하고 허위의 종전 높은 가격표와 함께 부착함으로서 허

위 선전하여 고소인을 기망하였습니다.

4. 이에 속은 고소인은 특별할인기간에 한하여 특별히 할인판매 되는 줄 알고 해당의류를 구입하여 금전적인 손해를 보았습니다.

5. 이에 본 고소에 이르게 된 것입니다.

입증방법

추후 조사시에 제출하겠습니다.

2000. 00. 00.

위 고소인 홍○○ 인

서울지방검찰청 귀중

(○○구경찰서장 귀하)

해설

1) 과장광고의 경우 상관행상 일반적으로 인정되는 범위내의 과장광고는 사기죄의 '기망행위'에 해당하지 않는다.

2) 그러나 거래상 중요한 사실에 관하여 구체적으로 증명할 수 있는 사실을 들어 허위·과장광고를 한 경우에는 기망행위가 된다.

3) 즉, 성분이 불량한 약을 특효약이라고 하는 경우나 원료나 제품의 성질·제조원 등의 공적 보증을 속인 경우 등이 이에 해당한다.

4) 위의 사안에서도 종전에 높은 가격으로 판매된 일도 없는 의류를 정상가격으로 판매하면서 마치 종전보다 할인된 가격인 양 속이고 허위의 가격표를 부착한 것은 상관행상 일반적으로 인정되는 범위내의 과장광고라고 볼 수 없으므로 사기죄의 기망행위에 해당한다.

고소장

고소인	성명	홍○○
	주민등록번호	000000-0000000
	전화	000-0000/010-0000-0000
	주소	○○시 ○○구 ○○동 **
피고소인	성명	임○○
	주민등록번호	000000-0000000
	전화	000-0000/010-0000-0000
	주소	○○시 ○○구 ○○동 ***

고소취지

피고소인은 아파트를 분양함에 있어 분양대상 아파트의 평수를 과장하여 광고함으로써 고소인에게 손해를 끼쳤으므로 철저한 수사를 통해 엄벌에 처해주십시오.

고소이유

1. 피고소인은 ○○아파트의 홍보담당이사입니다.
2. 피고소인은 ○○아파트 제2단지 분양을 함에 있어 실제 평수는 25평임에도 불구하고 고소인에게 실평수 30평이라고 속이는 등 과대광고를 하였습니다.
3. 이에 속은 고소인은 계약금과 중도금 합 ○,○○○만원을 지급하였습니다.
4. 이에 본 고소에 이르게 된 것입니다.

입증방법

추후 조사시에 제출하겠습니다.

2000. 00. 00.
위 고소인 홍○○ 인

광주검찰청 귀중

(서구경찰서장 귀하)

해설

1) 아파트를 분양함에 있어서 평수를 과대광고한 경우이다.

2) 아파트의 분양가격을 평당 계산하여 산출하는 것이 보통이므로 평수를 속이고 과장광고를 할 것은 사기죄의 기망행위에 해당할 수 있다.

3) 고소인은 이와 같은 기망행위에 속아 착오에 빠져 계약금과 중도금을 지급하여 사기죄로 고소한 것이다.

고소장

고소인　　성명　　　　　홍○○
　　　　　주민등록번호　　000000-0000000
　　　　　전화　　　　　　000-0000/010-0000-0000
　　　　　주소　　　　　　○○시 ○○구 ○○동 **
피고소인　성명　　　　　임○○
　　　　　주민등록번호　　000000-0000000
　　　　　전화　　　　　　000-0000/010-0000-0000
　　　　　주소　　　　　　○○시 ○○구 ○○동 ***

고소취지

피고소인은 위조한 수표를 마치 진정한 수표인 것처럼 속이고 고
소인에게 교부하여 고소인에게 재산상 손해를 끼친 자로서 엄정한
처벌을 해주시길 바랍니다.

고소이유

1. 피고소인은 고소인에게 기계물품대금 2,000만원의 채무를 지
　 고 있는 채무자입니다.
2. 피고소인은 채무변제조로 고소인에게 100만원권 자기앞수표
　 20매를 ○○○○년 ○월 ○○일에 교부하였습니다.
3. 고소인이 해당은행에 제시한 결과 상기 수표는 모두 위조한 수
　 표임이 드러나 고소인에게 재산상의 손해를 끼쳤습니다.
4. 이에 본 고소에 이르게 된 것입니다.

입증방법

추후 조사시에 제출하겠습니다

2000. ○○. ○○.

위 고소인 홍○○ 인

대구검찰청 귀중

해설

1) 수표를 위조한 경우 유가증권위조죄가 성립한다.

2) 위조된 수표를 행사하면 위조유가증권행사죄가 성립하며 이와는 별도로 사기죄가 성립할 수 있다.

3) 위 사안에서 고소인이 피고소인에게 채권변제조로 건네 받은 자기앞수표가 위조수표이다.

4) 위조된 수표를 마치 진정한 수표인 양 속이고 고소인에게 교부하였고 이에 속은 고소인은 자신의 채권을 위조된 수표로 추심하였으므로 피고소인을 사기죄로 고소한 것이다.

고소장

고소인	성명	홍○○
	주민등록번호	000000-0000000
	전화	000-0000/010-0000-0000
	주소	○○시 ○○구 ○○동 **
피고소인	성명	임○○
	주민등록번호	000000-0000000
	전화	000-0000/010-0000-0000
	주소	○○시 ○○구 ○○동 ***

고소취지

피고소인은 소외 ○○○으로부터 절취한 예금통장을 고소인의 은행에 와서 마치 본인이 예금주 박간난인 것처럼 기망하여 예금되어 있던 일금 ○,○○○만원을 인출해 갔던 바 본 고소에 이르게 되었으므로 엄중한 처벌을 해 주십시오.

고소이유

1. 피고소인은 ○○○○년 ○월 ○○일에 소외 ○○○으로부터 예금통장과 도장을 절취하였습니다.
2. 피고소인은 ○○○○년 ○월 ○○일에 절취한 예금통장과 도장을 가지고 고소인의 은행에 와서 마치 본인이 예금주 박간난인 것처럼 기망하여 예금되어 있던 일금 ○,○○○만원을 인출해 갔습니다.
3. 이에 본 고소에 이르게 되었습니다.

입증방법

추후 조사시에 제출하겠습니다.

2000. 00. 00.

위 고소인 홍○○ 인

서울지방검찰청 귀중

　(양천경찰서장 귀하)

해설

1) 절취한 예금통장과 도장으로 예금을 찾을 경우의 문제이다.

2) 절취한 예금통장으로 예금을 찾을 경우에는 불가별적 사후행위에 해당할 수 없고 은행직원을 기망하여 돈을 찾은 것이므로 사기죄가 성립한다.

3) 이외에도 예금을 찾기 위해 출금표를 작성하고 이를 은행직원에게 제시하므로 사문서위조죄와 동행사죄가 성립한다.

4) 위 사안에서 피고소인은 절취한 통장과 도장을 가지고 마치 자신이 예금주인양 속이고 ○,○○○만원을 찾아갔으므로 사기죄가 성립한다.

고소장

고소인　성명　　　　　홍○○
　　　주민등록번호　　000000-0000000
　　　전화　　　　　　000-0000/010-0000-0000
　　　주소　　　　　　○○시 ○○구 ○○동 **
피고소인　성명　　　　임○○
　　　주민등록번호　　000000-0000000
　　　전화　　　　　　000-0000/010-0000-0000
　　　주소　　　　　　○○시 ○○구 ○○동 ***

고소취지

피고소인을 아래와 같은 이유로 고소하오니 엄중한 수사와 엄중한 처벌을 해 주십시오.

고소이유

피고소인은 ○○백화점 식품담당 부장으로서 당일 판매되지 못하고 남은 생식품 등에 대해서 다음날 포장지를 교체하면서 가공일자를 재포장일로 바꾸어 기재된 바코드를 부착하여 재판매한 자로서 본 고소에 이르게 된 것입니다.

입증방법

추후 조사시에 제출하겠습니다.

2000. ○○. ○○.
위 고소인 홍○○ 인

서울지방검찰청 귀중
(양천경찰서장 귀하)

해설

1) 허위 · 과장광고에 대한 사안이다.

2) 거래상 중요한 사실에 관해 구체적 사실을 거래상의 신의성실의 의무에 비추어 비난받을 정도의 방법으로 허위로 고지한 경우에는 과장 · 허위 광고의 한계를 넘어 사기죄의 기망행위에 해당한다는 것이 판례의 태도이다(대판 1992.9.14. 91도2994).

3) 위 사안에서도 생식품의 가공일자는 매우 중요한 것인데 팔다 남은 생식품을 재포장하면서 바코드날짜를 재포장일로 고친 것은 사회통념상 인정될 수 있는 범위라고 할 수 없으므로 사기죄가 성립한다.

고소장

고소인	성명	홍○○
	주민등록번호	000000-0000000
	전화	000-0000/010-0000-0000
	주소	○○시 ○○구 ○○동 **
피고소인	성명	임○○
	주민등록번호	000000-0000000
	전화	000-0000/010-0000-0000
	주소	○○시 ○○구 ○○동 ***

고소취지

피고소인은 아래와 같은 이유로 저의 돈 1,000만원을 편취하였는 바 엄중한 수사에 의해 엄벌에 처해주십시오.

고소이유

피고인은 저와는 이웃에서 살던 자인데 지난 ○월 ○○일경 집안에 급한 일이 있으니 2,000만원만 급히 빌려 달라고 사정을 하여 지금 2,000만원은 없고 1,000만원 정도는 어떻게 해줄 수 있다고 하니 그거라도 해주면 정말 고맙겠다고 하고 2달뒤에 틀림없이 갚겠다고 하였습니다. 평소 다니는 직장도 있고 워낙 딱하게 사정을 하여 2달뒤에 갚는다는 차용증을 받고 1,000만원을 빌려 주었습니다.

그로부터 1달여 뒤 아무래도 이상하여 그 집에 찾아가 보니 이미 이사를 가고 없었으며 직장에 연락을 해보니 이미 3달전에 퇴직을 한 상태였습니다.

즉, 피고소인은 처음부터 갚을 의사도 없이 저에게 거짓말을 하여 1,000만원을 편취해 갔던 바 이에 본 고소에 이르게 된 것입니다.

입증방법

차용증 1부

2000. 00. 00.

위 고소인 홍○○ 인

서울지방검찰청 귀중

(양천경찰서장 귀하)

해설

1) 변제의사나 변제능력없이 돈을 빌린 경우 사기죄가 성립하느냐의 문제이다.

2) 돈을 빌리고 못 갚는 것이 모두 사기죄에 해당한다고 볼 수는 없다. 돈을 빌리고 빌려주는 것은 민사적인 문제이고 사기죄와는 별개의 것이기 때문이다.

3) 그러나 처음부터 변제의사나 변제능력이 없음에도 불구하고 마치 변제할 것처럼 기망행위를 하고 돈을 빌렸다면 사기죄에 해당할 수 있다.

4) 사안에서도 처음부터 변제의사나 변제능력이 없었다고 판단할 수 있으므로 사기죄로 고소한 것이다.

고소장

고소인	성명	홍○○
	주민등록번호	000000-0000000
	전화	000-0000/010-0000-0000
	주소	○○시 ○○구 ○○동 **
피고소인	성명	임○○
	주민등록번호	000000-0000000
	전화	000-0000/010-0000-0000
	주소	○○시 ○○구 ○○동 ***

고소취지

피고소인은 아래와 같은 이유로 고소인의 돈 1억원을 편취해 갔던 바, 이에 고소를 하오니 엄중한 처벌을 해 주십시오.

고소이유

1. 피고소인은 ○○시 ○○구 ○○동에서 서점을 운영하던 자인데 제가 운영하는 출판사와도 거래가 있던 자입니다.

2. 피고소인은 영업확장을 위해 분점을 내느라고 현금이 모자라니 1억원만 돌려주면 5달에 걸쳐 갚겠다고 하고 약속어음을 발행하였습니다.

3. 평소 거래관계도 있고 해서 급하게 마련을 하여 약속어음을 받고 1억원을 해주고 어음 결제일 하루전에 연락을 취해보니 이미 서점은 정리한 상태였고, 외국으로 도망갔다는 소식을 들어 이에 본 고소에 이르게 된 것입니다.

해설

1) 약속 어음을 교부하고 이를 결제치 않은 경우이다.

2) 우리나라 상관행상 현금대신 어음을 결제의 수단으로 주로 사용되는 바 이의 부작용은 심각한 수준이다. 이에 어음제도를 점차적으로 해소하려는 움직임이 금융권을 비롯하여 나타나고 있다.

3) 약속어음은 어음상 기재된 지급기일에 은행에 청구하여 결제가 되지 않을 경우 바로 부도가 되는 것으로서 고도의 유통성이 있는 것이다.

4) 약속어음을 교부할 당시 이미 결제의사가 없고 단지 기망의 수단으로 교부하였다면 사기죄가 성립할 수 있다.

5) 사안에서도 피고소인은 서점을 이미 정리한 상태로 외국으로 도주하였으므로 약속어음 지급당시 이미 결제의사 없이 단지 기망의 수단으로 어음을 교부하였다고 판단될 수 있으므로 고소인은 사기죄로 고소를 한 것이다.

고소장

고소인 성명   홍○○
        주민등록번호   000000-0000000
        전화   000-0000/010-0000-0000
        주소   ○○시 ○○구 ○○동 **

피고소인 성명   임○○
        주민등록번호   000000-0000000
        전화   000-0000/010-0000-0000
        주소   ○○시 ○○구 ○○동 ***

고소취지

피고소인은 고소인이 운영하는 가게에 와서 아래와 같은 이유로
일금250만원을 편취해 갔던 바, 이에 고소를 하오니 엄중한 처벌
을 내려 주십시오.

고소이유

1. 저는 ○○시 ○○구 ○○동에서 전자제품대리점을 운영하고 있
   습니다.
2. 피고소인은 지난 6월 15일에 저희 가게에 들러 텔레비전과 에
   어컨등 가전제품을 250만원어치 구입을 하고 카드로 결제를 하
   였습니다.
3. 그 후 며칠 뒤 카드회사에 연락을 해보니 그 카드는 도난카드로
   밝혀졌으므로 이에 본 고소에 이르게 된 것입니다.

입증방법

카드 매출전표1매

2000. ○○. ○○.

위 고소인 홍○○ 인

서울지방검찰청 귀중

(양천경찰서장 귀하)

해설

1) 신용카드의 사용이 보편화됨에 따라 카드의 발급과 사용의 남용도 심각한 수준에 이르고 있다.

2) 신용카드를 이용한 범죄는 여러 가지가 있으나 그 중에서도 절취한 신용카드로 물품 또는 서비스를 제공받았을 경우 사기죄가 성립하느냐가 문제가 된다.

3) 절취한 신용카드로서 제3자의 권리를 침해한 경우 이는 절도죄의 불가벌적 사후행위로 판단될 수는 없다.

4) 사안에서도 피고소인은 절취한 신용카드로 마치 자신이 신용카드의 소유자인양 기망행위를 하고 고소인의 가게에서 물품을 구입하여 고소인에게 재산상 손해를 입혔으므로 사기죄가 성립한다.

고소장

고소인	성명	홍○○
	주민등록번호	000000-0000000
	전화	000-0000/010-0000-0000
	주소	○○시 ○○구 ○○동 **
피고소인	성명	임○○
	주민등록번호	000000-0000000
	전화	000-0000/010-0000-0000
	주소	○○시 ○○구 ○○동 ***

고소취지

피고소인을 아래와 같은 이유로 고소하오니 부디 엄중한 처벌을 내려주십시오.

고소이유

1. 피고소인과 저는 5년 전 거래관계를 맺고 있던 관계로서 5년 전 제가 밀린 물품대금으로 약속어음과 차용증을 준 적이 있습니다.

2. 그 후 6개월 뒤에 저는 밀린 물품대금을 완납하고 약속어음을 회수하였고 차용증을 달라고 하니 어디 두었는지 기억이 잘 안 난다고 하면서 우리 사이에 어음회수 했으면 됐지 차용증까지 가져갈 거 뭐 있느냐고 하여 차용증은 회수하지 못하였습니다.

3. 그 뒤 몇 년 동안 외국에 나가 있을 일이 생겨 사업을 정리하고 외국에 나가있는 동안 피고소인은 가지고 있던 차용증을 근거

로 소송을 제기하여 확정판결을 받아내었습니다.

4. 있지도 않은 채권을 근거로 확정판결을 받았던 바, 이에 본 고소에 이르게 된 것입니다.

입증방법

약속어음 5매

2000. 00. 00.
위 고소인 홍○○ 인

서울지방검찰청 귀중
(양천경찰서장 귀하)

해설

1) 소송사기에 관한 문제이다.

2) 소송사기란 삼각사기의 일종으로서 기망대상자는 법원이고, 재산상 손해를 입은 자는 소송의 상대방인 삼각사기의 일종이다.

3) 소송사기란 법원에 허위사실을 주장하거나 허위증거를 제출하여 유리한 판결을 받고 이에 의해 강제집행을 하여 재산을 취득하는 경우를 말한다.

4) 소송사기의 실행의 착수시기는 법원에 소장을 제출한 때이고, 기수시기는 승소판결이 확정된 때이다.

5) 소송사기의 주체는 청구인뿐 아니라 피청구인도 허위사실을 주장하거나 허위증거를 제출하여 승소할 경우 소송사기의 주체가 될 수 있다.

6) 사안에서 피고소인은 실재하지 않은 채권을 주장하여 승소의 확정판결을 받았으므로 사기죄가 성립한다.

고소장

고소인	성명	홍○○
	주민등록번호	000000-0000000
	전화	000-0000/010-0000-0000
	주소	○○시 ○○구 ○○동 **
피고소인	성명	임○○
	주민등록번호	000000-0000000
	전화	000-0000/010-0000-0000
	주소	○○시 ○○구 ○○동 ***

고소취지

피고소인을 아래와 같은 이유로 고소를 하오니 부디 엄중한 처벌을 내려주십시오.

고소이유

1. 피고소인은 저와 이웃에 살던 자입니다.
2. 3달 전 피고소인은 저희 집에 찾아와 낙찰계를 하나 조직하려고 하니 함께 하자고 하여 마침 마땅한게 없을까 고심하던 차에 하자고 하였습니다.
3. 급전이 필요한 사람들이 있으니 저에게 중간정도로 자리를 하나 주겠다고 하여 그러라고 하였습니다.
4. 매달 정기적으로 계금 50만원씩을 납부하였는데, 알고보니 계주가 그 납입한 돈을 갖고 도주를 하였고 계원들이라던 사람들도 계를 한 적이 없다고 하는 바 이에 본 고소에 이르게 된 것입니다.

계원들이라던 자들의 증언서
계금 입금서

2000. 00. 00.
위 고소인 홍○○ 인

서울지방검찰청 귀중
(양천경찰서장 귀하)

해설

1) 계와 관련하여 형사상 문제가 되는 것은 여러 유형이 있을 수 있다.

2) 사안에서 피고소인은 고소인에게 마치 진정한 계를 조직하여 활동하는 것처럼 고소인을 속이고 고소인에게 매월 정기적으로 일정한 계금을 지급받았다.

3) 그러나 처음부터 피고소인이 말한 계원들은 계를 조직한 바 없었고 피고소인이 고소인의 돈을 편취하기 위한 수단으로 기망행위를 한 것이므로 사기죄가 성립한다.

고소장

고소인	성명	홍○○
	주민등록번호	000000-0000000
	전화	000-0000/010-0000-0000
	주소	○○시 ○○구 ○○동 **
피고소인	성명	임○○
	주민등록번호	000000-0000000
	전화	000-0000/010-0000-0000
	주소	○○시 ○○구 ○○동 ***

고소취지

피고소인을 아래와 같은 이유로 고소를 하오니 부디 엄중한 처벌을 내려주십시오.

고소이유

1. 저는 ○○시 ○○구 ○○동에서 룸싸롱을 운영하고 있습니다.
2. 피고소인은 지난 6월 20일에 저희 가게에 혼자 와서 술과 안주 100만원어치를 주문하고 나서 2시간여 동안 술과 안주를 먹었습니다.
3. 계산서를 가지고 가니 '나는 돈이 없으니 알아서 해라. 니들 맘대로 해봐라.' 라고 하면서 돈을 주지 않았습니다.
4. 피고소인은 처음부터 돈을 지급할 의사없이 저희 가게에서 술과 각종 안주를 시키고 무전취식을 한 것이기에 본 고소에 이르게 된 것입니다.

2000. 00. 00.

위 고소인 홍○○ 인

서울지방검찰청 귀중

(양천경찰서장 귀하)

해설

1) 무전취식 · 무전숙박에 관한 문제이다.

2) 무전취식 · 무전숙박의 경우 묵시적 기망행위를 통한 사기죄의 성립여부가 문제가 된다.

3) 처음부터 지불의사나 지불능력이 없이 취식이나 숙박을 한 경우, 주문이나 숙박하는 행위는 지불의사와 능력이 있음을 묵시적으로 설명하는 것이므로 묵시적 기망행위가 된다.

4) 사안에서도 룸싸롱에 들어가 술과 안주를 주문하는 것은 묵시적 기망행위로 볼 수 있고, 처음부터 지불의사나 능력이 없었으므로 사기죄가 성립이 된다.

5) 무전취식이나 숙박 후 주인이나 종업원을 때리고 도망간 경우에는 폭행으로 재산상이익을 취했으므로 강도죄가 성립한다.

6) 그러나 취식이나 숙박 후 돈이 없음을 알고 몰래 도주한 경우에는 경범죄처벌법위반은 가능하나, 형법상 처벌규정은 없다.

고소장

고소인	성명	홍○○
	주민등록번호	000000-0000000
	전화	000-0000/010-0000-0000
	주소	○○시 ○○구 ○○동 **

피고소인	성명	임○○
	주민등록번호	000000-0000000
	전화	000-0000/010-0000-0000
	주소	○○시 ○○구 ○○동 ***

고소취지

피고소인은 아래와 같은 이유로 고소를 하오니 부디 엄중한 처벌을 내려주십시오.

고소이유

1. 저는 올해 35세로 건실한 직장인입니다.
2. 지난 6월 30일에 친구 아버님 상을 당해 조문차 방문하고 친구들과 어울려 술을 마시고 있는데, 피고소인이 저에게 와서 옆에서 고스톱 한판 하는데 끼지 않겠냐고 하여 취기도 적당히 올라 그러마고 대답을 하였습니다.
3. 피고소인과 피고소인외 2명, 저 이렇게 4명이 고스톱을 치는데 처음에는 조금 따는 것 같더니 시간이 갈수록 이상하게 피고소인만 계속 따는 것이었습니다.

4. 뭔가 이상하다고 느낀 저는 화투패를 돌리는 피고소인의 손을 잡고 소매를 뒤져보니 또 다른 화투패를 발견할 수 있었습니다.

5. 알고 보니 피고소인은 상가만 돌아다니면서 전문적으로 사기도박을 일삼던 자로서 이에 본 고소에 이르게 된 것입니다.

입증방법

함께 고스톱을 치던 증인 2명의 증언서
소매속에서 발견한 화투패

2000. 00. 00.
위 고소인 홍○○ 인

서울지방검찰청 귀중
(양천경찰서장 귀하)

해설

1) 사기도박의 문제이다.

2) 도박이란 당사자가 서로 재물을 걸고 우연한 승부에 의해 그 재물의 득실을 결정하는 것이다.

3) 사기도박의 경우 이러한 우연성이 결여되어 있으므로 사기도박의 상대방은 도박죄로 처벌될 수는 없다.

4) 그러므로 사기도박자만 사기죄로 처벌된다.

5) 사안의 경우 피고소인은 상습적으로 상가를 돌아다니며 조문객들을 상대로 사기도박을 벌여온 자로서 사기죄가 성립된다.

고소장

고소인	성명	홍○○
	주민등록번호	000000-0000000
	전화	000-0000/010-0000-0000
	주소	○○시 ○○구 ○○동 **

피고소인	성명	임○○
	주민등록번호	000000-0000000
	전화	000-0000/010-0000-0000
	주소	○○시 ○○구 ○○동 ***

고소취지

피고소인을 아래와 같은 이유로 고소를 하오니 부디 엄중한 처벌을 내려주십시오.

고소이유

1. 저는 ○○시 ○○역에서 보석상을 운영하고 있습니다.

2. 어느 날 급한 볼일이 잠깐 생겨서 마침 놀러왔던 조카(16세)에게 가게를 잠시 맡기고 무슨 일이 있으면 즉시 연락하라고 하고 볼 일을 보러 근처에 잠깐 나갔습니다.

3. 피고소인은 이 사이에 저희 가게에 와서 순금 10돈짜리(시가 200만원)행운의열쇠를 구입하면서 조카에게 이것은 14K 도금을 한 거라고 속이고 일금 10만원을 주고 행운의 열쇠를 가져갔습니다.

4. 이에 본 고소에 이르게 된 것입니다.

입증방법

수시로 제출하겠습니다

2000. 00. 00.
위 고소인 홍○○ 인

서울지방검찰청 귀중
　(양천경찰서장 귀하)

해설

1) 미성년자의 지려천박 또는 사람의 심신장애를 이용하여 재물의 교부를 받거나 재산상의 이익을 취득하는 것을 준사기라고 한다.
2) 이는 상대방의 하자있는 의사상태를 이용한다는 점에서 사기죄에 준하여 취급되는 것이다.
3) 미성년자는 20세 미만자를 말하는 것이고, 지려천박이란 지각과 사려가 부족한 것을 말한다(모든 미성년자가 준사기죄의 대상이 아니라 지려천박한 미성년자만이 준사기죄의 대상이 된다).
4) 심신장애란 재산상의 거래에 있어서 정신적 결함으로 인해 일반인의 지능이나 판단능력이 없는 상태를 말하는 것이다.
5) 사안의 경우 16세인 미성년자에게 14k 도금이라고 말하여 순금 10돈 짜리 행운의 열쇠를 편취하였으므로 준사기죄가 성립할 수 있다.
6) 만약 14k 도금이라고 속인 것이 사기죄의 기망행위에 해당된다고 판단되면 피고소인은 준사기죄가 아니라 사기죄로 처벌을 받는다. 준사기죄의 '이용하여'는 기망행위에 이르는 정도가 아니어야 하고 기망행위에 이르는 정도로 판단되면 사기죄가 성립하기 때문이다.

고소장

고소인	성명	홍○○
	주민등록번호	000000-0000000
	전화	000-0000/010-0000-0000
	주소	○○시 ○○구 ○○동 **
피고소인	성명	임○○
	주민등록번호	000000-0000000
	전화	000-0000/010-0000-0000
	주소	○○시 ○○구 ○○동 ***

고소취지

피고소인은 아래와 같은 이유로 고소인의 돈을 부정하게 편취하였으므로 엄중한 처벌을 해주십시오.

고소이유

1. 저는 ○○은행 ○○지점 지점장입니다.
2. 피고소인은 2020년 4월 20일에 본 은행에 방문하여 정상적으로 결제할 능력이나 의사가 없음에도 불구하고 마치 대출금을 정상적으로 결제할 것처럼 가장하여 신용카드를 발급받았습니다.
3. 발급받은 신용카드로 10여회에 걸쳐 현금자동지급기에 위 신용카드를 투입하고 현금서비스를 받는 방법으로 합계 500만원의 대출을 받아 그 돈을 편취하였습니다.
4. 이에 본 고소에 이르게 된 것입니다.

입증방법

추후 조사시에 제출하겠습니다.

2000. ○○. ○○.
위 고소인 홍○○ 인

서울지방검찰청 귀중
(양천경찰서장 귀하)

해설

1) 결제의사나 결제능력이 없이 신용카드를 발급받고 이를 사용한 경우이다.

2) 앞에서도 살펴보았지만 처음부터 결제의사나 결제능력이 없이 돈을 빌리거나 카드를 발급받는 등의 행위를 한 경우 사기죄가 성립할 수 있다.

3) 사안의 경우에도 피고소인은 처음부터 결제의사나 결제능력이 없이 신용카드를 발급받고 이를 사용하여 500여만원의 금액을 편취하였으므로 사기죄가 성립할 수 있다.

고소장

고소인　성명　　　　홍○○
　　　　주민등록번호　000000-0000000
　　　　전화　　　　000-0000/010-0000-0000
　　　　주소　　　　○○시 ○○구 ○○동 **
피고소인　성명　　　임○○
　　　　주민등록번호　000000-0000000
　　　　전화　　　　000-0000/010-0000-0000
　　　　주소　　　　○○시 ○○구 ○○동 ***

고소취지

피고소인은 아래와 같은 방법으로 고소인의 돈 2,000만원을 편취
하였으므로 엄중한 처벌을 해주십시오.

고소이유

피고소인은 자신의 가옥소유권이 은행담보 등에 의해 ○○은행에
이전등기되었음에도 불구하고 이를 숨긴 채 그 가옥이 소외 ○ 의
소유인 양 저에게 임대하고 그 임대보증금 2,000만원을 편취하였
는 바, 이에 본 고소에 이르게 된 것입니다.

입증방법

등기부 등본 1통
임대계약서 1통

2000. ○○. ○○.
위 고소인 홍○○ 인

서울지방경찰청 귀중
(양천경찰서장 귀하)

해설

1) 부작위에 의한 사기죄의 문제이다

2) 거래당사자는 거래관계의 신의칙상 일정한 사항을 고지하여야 할 의무 즉, 고지의무가 있다.

3) 이러한 고지의무에 위반하여 재물 또는 재산상 이익을 편취한 경우에는 사기죄가 성립한다.

4) 사안의 경우와 같이 임대목적물인 부동산이 은행의 담보권실행에 의해 소유권이전등기 되었음에도 불구하고 이를 고지하지 않고 마치 정상적인 자기의 소유인 양 기망하여 고소인의 돈을 편취하였으므로 사기죄가 성립한다.

고소장

고소인   성명   홍○○
               주민등록번호   000000-0000000
               전화   000-0000/010-0000-0000
               주소   ○○시 ○○구 ○○동 **

피고소인   성명   임○○
               주민등록번호   000000-0000000
               전화   000-0000/010-0000-0000
               주소   ○○시 ○○구 ○○동 ***

고소취지

피고소인을 아래와 같은 이유로 고소를 하오니 엄중한 처벌을 내려주십시오.

고소이유

1. 피고소인은 ○○카드회사의 직원입니다.
2. 저는 ○○ ○○동에서 가구점을 하고 있습니다.
3. 피고소인은 소외 甲이 발급신청한 카드가 다른 직원(소외 乙)의 책상서랍에 있는 것을 알고 그 카드를 절취하였습니다.
4. 절취한 카드로 피고소인은 저희 가구점에 와서 가구 400만원 어치를 구입하고 자신이 마치 소외 甲인 것처럼 속이고 위 카드로 결제하였습니다.
5. 이에 본 고소에 이르게 된 것입니다.

입증방법

카드대금 결제 영수증 2매

2000. 00. 00.

위 고소인 홍○○ 인

서울지방검찰청 귀중

(양천경찰서장 귀하)

해설

1) 절취한 카드를 사용한 경우이다.

2) 절취한 카드를 사용하여 제3자의 재물 또는 재산상의 이익을 편취한 경우에는 절도죄의 불가벌적 사후행위에 해당할 수 없고 별도의 사기죄가 성립한다.

3) 사안에서도 피고소인은 절취한 신용카드로 고소인의 가구점에서 물품을 구입하여 고소인에게 재산상 손해를 입혔으므로 절도죄외에 사기죄의 처벌을 받게 된다.

고소장

고소인   성명   홍○○
               주민등록번호   000000-0000000
               전화   000-0000/010-0000-0000
               주소   ○○시 ○○구 ○○동 **

피고소인   성명   임○○
               주민등록번호   000000-0000000
               전화   000-0000/010-0000-0000
               주소   ○○시 ○○구 ○○동 ***

고소취지

피고소인은 아래와 같은 방법으로 저의 모피코트와 보석반지(시가 3,000만원)을 편취하였는 바 이에 고소를 하오니 엄중한 처벌을 내려 주십시오.

고소이유

1. 피고소인은 제 남편(김 말동)과 제가 여행을 떠난 사이 저희 집으로 찾아와 혼자 집을 지키고 있던 가정부 박 순심에게 새로 온 비서라고 속였습니다.
2. 이에 속은 가정부 박 순심은 더운데 집으로 들어오라고 하였고, 차를 내주는 등 아무런 의심도 하지 않았습니다.
3. 피고소인은 사장님과 사모님이 모피코트와 보석반지를 여행지로 가져오라고 했다면서 가정부 박 순심에게 어서 내어달라고 이야기 한 후, 모피코트와 보석반지를 가지고 나갔습니다.

4. 이에 본 고소에 이르게 된 것입니다.

입증방법

가정부 박 순심의 증언서 1통

2000. 00. 00.
위 고소인 홍〇〇 인

서울지방검찰청 귀중
(양천경찰서장 귀하)

1) 처분행위자와 피해자가 다른 삼각사기의 경우이다.

2) 삼각사기의 경우 처분행위자가 사실상 피해자의 재산을 처분할 수 있는 지위에 있으면 충분하다는 지위설이 판례의 태도이다.

3) 사안의 경우 식구들이 여행을 간 빈 집을 가정부만이 지키고 있었고 피고소인의 기망행위에 착오를 일으켜 모피코트와 보석반지를 내어주는 처분행위를 하였다.

4) 빈집에 혼자 집을 지키는 가정부는 사실상 피해자의 재산을 처분할 수 있는 지위에 있다고 판단될 수 있으므로 피고소인은 사기죄가 성립한다.

5) 만약, 재산을 처분할 수 있는 지위에 있다고 판단되지 않는다면 피고소인은 절도죄가 성립한다(책략절도).

고소장

고소인	성명	홍○○
	주민등록번호	000000-0000000
	전화	000-0000/010-0000-0000
	주소	○○시 ○○구 ○○동 **
피고소인	성명	임○○
	주민등록번호	000000-0000000
	전화	000-0000/010-0000-0000
	주소	○○시 ○○구 ○○동 ***

고소취지

피고소인은 아래와 같은 방법으로 고소인의 돈을 편취하였는 바, 이에 고소를 하오니 엄중한 처벌을 내려주십시오.

고소이유

1. 저는 ○○시 ○○구에서 선박업을 하고 있습니다.
2. 피고소인은 저의 선박회사에 근무하는 ○○호의 선장입니다.
3. 피고소인은 배에 필요한 물품을 구입한 일이 없음에도 불구하고 마치 물품을 구입한 양 허위보고를 하여 제 돈 2,000만원을 편취하였습니다.
4. 이에 본 고소에 이르게 된 것입니다.

입증방법

물품영수증 5통

2000. 00. 00.
위 고소인 홍○○ 인

부산지방검철청 귀중
(해운대경찰서장 귀하)

해설

1) 허위의 영수증을 작성하여 재산상 이익을 편취한 경우이다.

2) 구입하지도 않은 물품을 구입하였다고 기망하여 그 물품구입비 명목으로 고소인의 돈 2,000만원을 편취하였으므로 피고소인은 사기죄가 성립한다.

3) 사기죄 외에도 사문서위조죄와 동행사죄가 성립할 것이다(영수증을 작성하고 이를 제시하였다면).

고소장

고소인   성명   홍○○
                 주민등록번호   000000-0000000
                 전화   000-0000/010-0000-0000
                 주소   ○○시 ○○구 ○○동 **

피고소인   성명   임○○
                 주민등록번호   000000-0000000
                 전화   000-0000/010-0000-0000
                 주소   ○○시 양천구 237

고소취지

피고소인은 아래와 같은 방법으로 저에게 재산상 손해를 발생시켜 본 고소를 하오니 엄중한 처벌을 해주시길 바랍니다.

고소이유

1. 피고소인은 ○○에 소재하고 있는 엄마소 착유기 주식회사의 영업사원입니다.
2. 저는 ○○도 ○○군에서 소목장을 하고 있습니다.
3. 피고소인은 2○○○.○○.○○. 저희 목장으로 방문하여 20마리의 소의 젖을 짤 수 있는 기계라고 속이고 착유기 1대를 정상 가격 200만원에 매도하였습니다.
4. 그러나 실제로 소젖을 짜보니 7마리의 젖밖에는 짤 수 없는 기계였습니다.
5. 이에 본 고소에 이르게 된 것입니다.

해설

1) 재산상 손해가 발생했느냐가 문제가 된다.
2) 재산상 손해를 판단하는 기준에는 객관적 요소와 개별적 요소, 규범적 요소 등이 있다.
3) 처분행위 전후의 재산의 전체적 가치를 비교하여 처분행위 후 재산의 전체적 가치가 감소한 경우 재산상 손해가 인정되는 것이 객관적 요소이다.
4) 급부와 반대급부가 동가치인 경우에는 구체적인 사정을 살펴보아야 하는데, 취득한 재산이 피해자에게 불필요한 경우나 과도한 경제적 부담을 지우는 경우 또는 처분행위의 사회적 목적이 없어진 경우 등은 재산상 손해가 인정이 된다.
5) 사안의 경우도 피고소인은 7마리의 젖밖에 짤 수 없는 축유기를 20마리의 젖을 짤 수 있다고 속이고 판매하였으므로 고소인에게 재산상 손해가 있다고 인정될 수 있다.

고소장

고소인　　성명　　　　홍○○
　　　　　주민등록번호　000000-0000000
　　　　　전화　　　　　000-0000/010-0000-0000
　　　　　주소　　　　　○○시 ○○구 ○○동 **
피고소인　성명　　　　임○○
　　　　　주민등록번호　000000-0000000
　　　　　전화　　　　　000-0000/010-0000-0000
　　　　　주소　　　　　○○시 ○○구 ○○동 ***

고소취지

피고소인은 아래와 같은 방법으로 강제집행을 받아 저의 가옥(시가 6,000만원)을 편취하였는 바, 이에 고소를 하오니 엄중한 처벌을 내려 주십시오.

고소이유

1. 저는 피고소인을 상대로 가옥(○○시 ○○구 ○○동 ○○번지 소재)에 대한 소유권이전등기를 이행하라는 소송을 ○○지방법원에 제기하였습니다.
2. 피고소인은 이에 해약서 및 영수증을 허위로 작성하여 이를 증거로 법원에 제출하였습니다.
3. 또한 미리 공모한 甲이 증인으로 나서서 위증을 하여 이를 진정한 것으로 믿은 법원으로부터 저의 패소확정판결을 받아냄으로써 소유권이전등기의무를 면하게 되었습니다.

4. 이에 본 고소에 이르게 된 것입니다.

입증방법

가옥 매매계약서   1통
건물 등기부등본   1통
매매계약당시 입회한 중개사 乙의 증언서   1통

2000. 00. 00.
위 고소인 홍○○ 인

서울지방검찰청 귀중

(양천경찰서장 귀하)

해설

1) 소송사기에 관한 것이다.

2) 앞에서 살펴본 바와 같이 소송사기는 법원에 허위사실을 주장하거나 허위증거를 제출하여 유리한 판결을 받고 이에 의해 강제집행을 함으로써 재산을 취득하는 것이다.

3) 소송사기의 주체는 소송을 제기한 청구인 뿐만 아니라 피청구인도 적극적으로 허위사실을 주장하거나 허위증거를 제출하여 승소판결을 받음으로써 소송사기의 주체가 될 수 있다.

4) 사안의 경우도 피고소인은 피청구인의 입장에서 허위의 사실과 증거를 적극적으로 주장하여 승소판결을 받아 소유권이전의무를 면하게 되었으므로 사기죄가 성립된다.

고소장

고소인	성명	홍○○
	주민등록번호	000000-0000000
	전화	000-0000/010-0000-0000
	주소	○○시 ○○구 ○○동 **
피고소인	성명	임○○
	주민등록번호	000000-0000000
	전화	000-0000/010-0000-0000
	주소	○○시 ○○구 ○○동 ***

고소취지

피고소인은 아래와 같은 방법으로 고소인의 돈 1억원을 편취하였는 바, 이에 고소를 하오니 엄중한 처벌을 내려 주십시오.

고소이유

1. 피고소인은 건설교통부에 근무하는 공무원입니다.
2. 피고소인은 2○○○.○○.○○에 저희 집에 찾아와 '1억원만 빌려주면 이를 적절하게 사용해서 건설교통부 고위 공무원에게 청탁하여 3개월내에 당신 토지에 대한 개발제한구역지정을 해제시켜주겠다'고 하였습니다.
3. 이를 진정한 것으로 믿은 저는 ○○월 ○○일에 피고소인에게 1억원의 돈을 주었습니다.
4. 3개월이 지나도 아무런 연락이 없길래 알아보니 제가 준 1억원의 돈을 생활비와 유흥비로 탕진한 후였습니다.

5. 이에 본 고소에 이르게 된 것입니다.

입증방법

현금 1억원에 대한 차용증   1통

2000. ○○. ○○.
위 고소인 홍○○ 인

서울지방검찰청 귀중
(양천경찰서장 귀하)

해설

1) 용도를 속이고 돈을 교부받은 경우 사기죄의 성립여부가 문제된다.

2) 용도를 속이고 돈을 빌린 경우에 있어서 만일 진정한 용도를 고지하였더라면 상대방이 돈을 빌려주지 않았을 것이라는 관계에 있는 때에는 사기죄의 기망에 해당한다는 것이 판례의 태도이다 (1996.2.27. 95도2828).

3) 사안에서도 피고소인이 용도를 속이지 않았다면 고소인이 1억원을 교부하지 않았을 것이므로 사기죄가 성립 된다.

3. 공갈

우리는 흔히 주위에서 다소 과장되게 이야기하거나 허풍이 센 사람들에게 '공갈치지마!'라는 이야기를 한다.
과연 공갈이란 무엇인가?
아래에서는 공갈죄에에 대해서 알아보도록 하겠다.

▌Point 1▐ 공갈죄란?

사람을 공갈하여 재물의 교부를 받거나 재산상의 이익을 취득하거나 제3자로 하여금 취득하게 함으로서 성립하는 범죄를 공갈죄라한다 (형법 제350조).
사기죄와 마찬가지로 자신뿐만 아니라 제3자에게 재물이나 이익을 취득하게 하는 것도 공갈죄에 포함이 된다.

▌Point 2▐ 어떠한 것이 해당되는가?
– 구성요건해당성

(1) 객관적 구성요건
1) 재물 또는 재산상의 이익
사기죄에서의 설명과 같다.

2) 공갈행위

폭행 또는 협박으로 외포심을 일으키게 하여 재물을 교부받거나 재산상의 이익을 취득하는 것을 말한다.

① **폭행** : 사람에 대한 일체의 유형력의 행사를 말하는 것으로서 형법상 '폭행'의 분류 중 광의의 폭행에 속한다.

② **협박** : 해악을 고지하여 상대방에게 외포심을 일으키는 것으로서 그 내용과 고지의 방법에는 제한이 없다. 형법상 '협박'의 분류 중 협의의 협박에 속한다.

③ **강도죄와의 구별** : 폭행과 협박으로 상대방을 제압하는 것은 강도죄나 공갈죄나 마찬가지이므로 그 구별이 문제가 된다. 어떠한 경우에 강도죄에 해당하고 어떠한 경우에 공갈죄에 해당하는 가의 구별기준으로 양적 구별설이 통설적인 견해이다.
즉, 상대방의 반항을 억압할 정도의 폭행·협박을 가했을 경우에는 강도죄에 해당이 되고, 단지 사람의 의사결정과 행동의 자유를 제한하는 정도의 폭행·협박이면 공갈죄에 해당된다는 것이다.

3) 상대방

공갈행위의 상대방은 재산에 대해서 처분행위를 할 수 있는 권한이나 지위에 있어야 한다. 재산상의 피해자와 동일인일 필요는 없다는 점에서도 사기죄의 상대방과 같다.

4) 외포심의 야기

공갈행위자의 공갈행위로 인해 외포심이 야기되어야 한다. 외포심이란 공포심을 느껴 의사결정 및 의사실행의 자유가 방해된 상태를 말하는 것이다.

5) 처분행위 · 재산상의 손해 · 재산상 이익의 취득

사기죄와 동일하게 이해하면 된다.

(2) 주관적 구성요건

공갈의 고의와 불법영득의사 · 불법이득의사가 필요함은 사기죄와 같다.

▌Point 3 ▌ 위법성

위법성에 대한 일반적인 설명도 사기죄의 경우와 같다.
또한 이 경우에도 위법성과 관련하여 문제되는 것이 권리자가 권리실현의 수단으로 공갈행위를 한 경우이다.
즉, 자기 채권을 받아 내기 위하여 채무자에게 공갈을 한 경우 공갈죄로 처벌할 수 있는 지에 대해서 판례는 권리행사라 할지라도 권리남용으로서 위법하다는 태도이다. 이 점 또한 사기죄와 같다.

▌Point 4 ▌ 책임
→ Point 5 공갈죄의 처벌로 이어집니다.

▌Point 5 ▌ 공갈죄의 처벌

(1) 형법상의 처벌

10년 이하의 징역 또는 2천만원 이하의 벌금에 처한다. 이 때 10년 이하의 자격정지를 병과할 수 있다.
공갈죄의 미수범은 처벌한다.

(2) 특정경제범죄가중처벌등에관한법률상의 처벌

공갈이나 상습공갈의 죄를 범한 자는 그 범죄행위로 인하여 취득하거나 제3자로 하여금 취득하게 한 재물 또는 재산상의 이익의 가액이 다음과 같을 경우에 가중처벌한다.

① 이득액이 50억원 이상인 때 – 무기 또는 5년 이상의 징역에 처한다.

② 이득액이 5억원이상 50억원 미만인 때 – 3년 이상의 유기징역에 처한다.
이 경우 이득액 이하에 상당하는 벌금을 병과할 수 있다.

▎Point 6 ▎ 형법상 공갈의 죄

위에서 살펴본 공갈죄(형법 제350조)외에 해당하는 공갈죄는 다음과 같다.

(1) 특수공갈죄

① 단체 또는 다중의 위력을 보이거나 위험한 물건을 휴대하여 사람을 공갈하여 재물의 교부를 받거나 재산상의 이익을 취득하게 함으로써 성립하는 범죄이다.
특수공갈죄는 그 특성상 단순 공갈죄에 비해 피해자가 느끼는 위협이 클 수 밖에 없다. 여러 명(주로 조직폭력배)이 동시에 위협을 가하거나 위험한 물건(칼, 쇠파이프 등)을 휴대한 채 범행이 일어나기 때문이다. 만일 피해자의 의사를 억압하거나 반항이 불가능한 정도의 폭행과 협박이 가해졌다면 이 때에는 특수공갈죄가 아니라 특수강도죄의 성립을 고려할 수 있다. 해야 한다. 즉, 특수공갈죄가 성립하려면 범행 시 가해진 폭행과 협박의 정도가 상대방에게 공포심이 생기게 할 정도에 그쳐야 하고 그 정도가 지나치면 특수강도죄가 성립될 수 있다.
② 처벌 : 1년 이상 15년 이하의 징역에 처한다. 10년 이하의 자격정

지를 병과할 수도 있으며 상습특수공갈의 미수범은 처벌된다.

(2) 상습공갈죄

① 상습으로 공갈죄·특수공갈죄를 범함으로써 성립되는 범죄이다. 상습성으로 인해 책임이 가중되는 구성요건이다.
② 처벌 : 각각 그 죄에 정한 형의 1/2까지 가중한다. 미수범도 처벌하며 10년 이하의 자격정지를 병과할 수 있다.

| Point 7 | 사기죄와의 관계

기망과 공갈로 재물 등을 교부받은 때에는 사기죄와 공갈죄중 어느 죄가 성립되는지는 범죄의 사실관계에 따라 달라진다. 즉, ① 기망과 공갈을 강화하는데 사용되어 외포심으로 인하여 처분행위가 있었으면 공갈죄만 성립하고, ② 기망과 수단으로 공갈이 있었고 이로 인해 피해자가 착오로 처분행위를 하였다면 사기죄가 성립되고, ③ 기망과 공갈이 독립하여 각각 범죄에 영향을 미쳤다면 사기죄와 공갈죄의 상상적 경합이 된다.

고소장

고소인	성명	홍○○
	주민등록번호	000000-0000000
	전화	000-0000/010-0000-0000
	주소	○○시 ○○구 ○○동 **
피고소인	성명	임○○
	주민등록번호	000000-0000000
	전화	000-0000/010-0000-0000
	주소	○○시 ○○구 ○○동 ***

고소취지

피고소인은 ○○동에서 소위 가자미파라고 불리는 조직폭력배의 행동대원으로서 고소인이 운영하는 술집에 2○○○년 ○월 ○일에 와서 종업원으로 일할테니 월급을 내놓으라고 협박하여 어쩔수 없이 고용하였는 바, 이후 일은 하지 않고 월급만 내놓으라고 협박, 이에 고소를 하오니 엄중한 처벌을 해주십시오.

고소이유

1. 피고소인은 ○○동 ○○파의 행동대원입니다.
2. 피고소인은 고소인이 운영하는 술집에 와서 일을 할테니 월급을 내놓지 않으면 영업을 하지 못하게 하겠다고 협박을 하여 어쩔 수 없이 고용을 하게 되었습니다.
3. 그러나, 이후 제시간에 출근하지 않는 것은 물론이고 고용계약에 따른 근로를 제공하지 않고 월급만 받아 지난 수 개월동안

금 1,000만원을 갈취하였습니다.

4. 이에 본 고소에 이르게 되었습니다.

입증방법

추후 조사시에 제출하겠습니다.

2000. 00. 00.

위 고소인 홍○○ 인

서울지방검찰청 귀중

(양천경찰서장 귀하)

해설

1) 조직폭력배의 행동대원이 공갈을 하여 고소인의 돈을 갈취한 사건이다.

2) '월급을 내놓지 않으면 영업을 하지 못하게 하겠다'고 한 것은 협박을 한 것으로서 이에 고소인은 외포심을 갖게 되었다.

3) 피고소인은 월급에 상당한 근로는 제공하지 않고 단지 협박으로서 고소인의 돈 1,000만원을 갈취하였으므로 공갈죄가 성립된다.

고소장

고소인	성명	홍○○
	주민등록번호	000000-0000000
	전화	000-0000/010-0000-0000
	주소	○○시 ○○구 ○○동 **
피고소인	성명	임○○
	주민등록번호	000000-0000000
	전화	000-0000/010-0000-0000
	주소	○○시 ○○구 ○○동 ***

고소취지

피고소인은 ○○ 방송국 취재기자로서 고소인이 운영하는 ○○건축회사가 지은 ○○아파트의 진입도로 미비 등 공사하자에 관하여 방송으로 보도하겠다고 협박하여 고소인이 일금 500만원을 피고소인에게 주었던 바, 이에 고소를 하오니 엄중한 수사와 처벌을 해 주십시오.

고소이유

1. 피고소인은 ○○ 방송국 취재부 기자입니다.
2. 피고소인은 2○○○년 ○월 부산에 있는 모레스토랑에서 고소인을 만나 고소인 회사에서 지은 ○○아파트에 진입도로가 없는 등 건물에 하자가 많으니 이를 보도하겠다고 협박하였습니다.
3. 이에 위기감을 느낀 고소인은 그 자리에서 일금 500만원을 주

었습니다.

4. 이에 본 고소를 하게 된 것입니다.

입증방법

추후 조사시에 제출하겠습니다.

2000. 00. 00.
위 고소인 홍○○ 인

서울지방검찰청 귀중
(양천경찰서장 귀하)

해설

1) 공갈이란 재물을 교부받거나 재산상의 이익을 취득하기 위하여 폭행 또는 협박으로 외포심을 일으키게 하는 것이다.

2) 공갈죄는 사기죄와 마찬가지로 편취죄이므로 피해자의 처분행위가 있어야 한다.

3) 사안에서 피고소인은 고소인의 건물공사에 하자가 많은 것을 보도하겠다고 협박하였고 이에 외포심을 가진 고소인이 500만원을 교부하였으므로 공갈죄가 성립한다.

고소장

고소인	성명	홍○○
	주민등록번호	000000-0000000
	전화	000-0000/010-0000-0000
	주소	○○시 ○○구 ○○동 **
피고소인	성명	임○○
	주민등록번호	000000-0000000
	전화	000-0000/010-0000-0000
	주소	○○시 ○○구 ○○동 ***

고소취지

피고소인은 고소인이 운영하는 회사의 직원이었던 바 밀린 월급과 퇴직금을 내놓으라며 본 사무실에서 고소인을 협박하여 일금 1,000만원을 받아갔습니다. 이에 고소를 하오니 엄중한 수사를 해주십시오.

고소이유

1. 피고소인은 고소인이 운영하는 ○○개발의 직원이었던 자로 지난 2○○○년 3월 퇴직하였습니다.
2. 피고소인은 2○○○년 5월 20일에 본 사무실에 들어와 밀린 월급과 퇴직금을 내놓으라며 욕설을 하며 꽃병을 집어 던지는 등 폭행을 하였습니다.
3. 지금은 회사사정이 어려우니 조금만 더 기다려 달라고 하였지만 이에 아랑곳없이 고소인의 멱살을 흔들고 욕설을 하며 뺨을

때리는 등 폭행과 협박을 하였습니다.

4. 이에 어쩔 수 없이 거래처에 지급할 물품대금 1,000만원을 지급하였습니다.

5. 이에 본 고소에 이르게 되었습니다.

입증방법

사무실에 있던 증인(기획부장, 영업부장)

2000. ○○. ○○.

위 고소인 홍○○ 인

서울지방검찰청 귀중

(양천경찰서장 귀하)

해설

1) 권리행사의 수단으로써 공갈을 한 경우의 문제이다.

2) 해악의 고지가 비록 정당한 권리의 실현수단으로 사용된 경우라고 하여도 그 권리실현의 수단방법이 사회통념상 허용되는 정도나 범위를 넘는 것인 이상 공갈죄의 실행에 착수한 것으로 보아야 한다는 것이 판례의 태도이다(1995.3.10. 94도2422)

3) 즉, 정당한 권리가 있더라도 그 실현수단이 위법하면 정당한 권리행사로 볼 수 없다는 것이다.

4) 사안에서도 비록 피고소인이 고소인에게 밀린 월급과 퇴직금 등의 채권이 있다 하더라도 그 실현 수단으로 사용한 폭행과 협박을 사회통념상 허용되는 정도와 범위를 넘는 것이라고 볼 수 있으므로 공갈죄가 성립한다.

고소장

고소인	성명	홍○○
	주민등록번호	000000-0000000
	전화	000-0000/010-0000-0000
	주소	○○시 ○○구 ○○동 **
피고소인	성명	임○○
	주민등록번호	000000-0000000
	전화	000-0000/010-0000-0000
	주소	○○시 ○○구 ○○동 ***

고소취지

피고소인은 고소인을 공갈하여 저의 돈 1,000만원을 갈취하였으므로 본 고소를 하오니 엄중한 처벌을 내려 주십시오.

고소이유

1. 저는 소외 甲과의 관계에서 대금 1,000만원의 공사대금 채무를 지고 있었습니다.
2. 자금사정이 어려워 채무 변제일이 지나고 며칠간의 여유를 달라고 했음에도 불구하고 소외 甲은 피고소인에게 채권회수를 의뢰하였습니다.
3. 피고소인은 저희 사무실로 찾아와 '개새끼'라고 욕을 하며 빨리 돈을 갚으라면서 제 멱살을 흔들고 의자를 발로 차는 등 위협적인 행동을 하였습니다.

4. 이에 겁을 먹은 저는 급히 사채를 빌려 공사대급 1,000만원을 교부하였습니다.

5. 이에 본 고소에 이르게 된 것입니다.

입증방법

추후 제출하겠음

2000. 00. 00.
위 고소인 홍○○ 인

서울지방검찰청 귀중
(양천경찰서장 귀하)

해설

1) 이 사안도 앞의 경우와 마찬가지로 정당한 권리실현의 수단으로 공갈을 한 경우의 문제이다.

2) 피고소인이 비록 고소인에게 정당한 채권을 갖고 있다고 하더라도 피고소인이 채권추심의 방법으로 사용한 폭행과 협박은 사회통념 상 인정되는 범위와 정도를 넘어선 것이므로 공갈죄가 성립한다.

3) 목적이 정당하다고 수단까지 정당화 되는 것은 아니기 때문이다.

고소장

고소인	성명	홍○○
	주민등록번호	000000-0000000
	전화	000-0000/010-0000-0000
	주소	○○시 ○○구 ○○동 **
피고소인	성명	임○○
	주민등록번호	000000-0000000
	전화	000-0000/010-0000-0000
	주소	○○시 ○○구 ○○동 ***

고소취지

피고소인은 아래와 같은 방법으로 저의 대금 15만원을 갈취하였
으므로 이에 고소를 하오니 엄중한 처벌을 내려주십시오.

고소이유

1. 저는 ○○시 ○○구 ○○동에서 갈비집을 운영하고 있습니다.
2. 피고소인은 6.15에 저희 갈비집에 와서 15만원어치의 음식을
   먹었습니다.
3. 음식을 다 먹고 나가면서 계산서를 갖다 주니 '이 새끼! 죽어볼
   래? 내가 누군지 알고 함부로 개수작이야?'라고 하면서 물컵을
   집어 던지는 등 위협적인 행동을 하여 저는 결국 음식대금을 포
   기하고 그냥 가라고 하였습니다.
4. 이에 본 고소에 이르게 된 것입니다.

입증방법

당시 현장에 있던 음식점 직원들의 증언서　　　6통

2000. 00. 00.

위 고소인 홍○○ 인

서울지방검찰청 귀중

(양천경찰서장 귀하)

해설

1) 무전취식 후 공갈을 한 경우의 문제이다.

2) 무전취식·숙박의 문제는 사기죄의 부분에서 살펴보았는데, 여기서는 무전취식후 폭행과 협박을 하여 채권자가 그 채권을 포기하게 된 경우이다.

3) 공갈죄는 사람을 공갈하여 재물의 교부를 받거나 재산상의 이익을 취득하는 것이다. 여기서 재산상의 이익은 적극적인 이익뿐만아니라 채권의 포기나 연기, 면제 등과 같은 소극적인 이익도 포함한다.

4) 사안에서 피고소인은 음식을 먹은 후 폭행과 협박으로 고소인을 공갈하여 고소인으로 하여금 음식대금의 청구를 포기하게 하였으므로 재산상 이익이 인정된다. 따라서 피고소인에게는 공갈죄가 성립된다.

고소장

고소인   성명   홍○○

주민등록번호   000000-0000000

전화   000-0000/010-0000-0000

주소   ○○시 ○○구 ○○동 **

피고소인   성명   임○○

주민등록번호   000000-0000000

전화   000-0000/010-0000-0000

주소   ○○시 ○○구 ○○동 ***

고소취지

피고소인은 아래의 방법으로 저의 돈 300여만원을 갈취하였으므로 엄중한 처벌을 내려주십시오.

고소이유

1. 피고소인과 저는 같은 학원을 다니면서 알게 된 사이였습니다.
2. 피고소인은 6.20일에 저에게 현금카드를 빌려주지 않으면 목포에 있는 동생들을 불러서 반쯤 죽여놓겠다고 협박을 했습니다.
3. 이에 겁을 먹은 저는 ○○은행 현금카드를 주게 되었고, 피고소인은 ○○은행 현금카드로 합계 300만원을 인출해 갔습니다.
4. 이에 본 고소에 이르게 된 것입니다.

해설

1) 현금카드 소유자를 협박하여 그 카드를 갈취하고, 예금을 인출한
   경우이다.

2) 사안에서 피고소인은 고소인을 협박하여 현금카드를 갈취하였고,
   고소인의 하자있는 의사표시에 의해 현금카드를 사용할 권한을 부
   여받아 예금을 인출하였다.

3) 이 경우 판례는 피고인이 피해자로부터 현금카드를 사용한 예금
   인출의 승낙을 받고 현금카드를 교부받은 행위와 이를 사용하여
   현금자동지급기에서 예금을 여러번 인출한 행위들은 모두 일련
   의 행위로서 포괄하여 하나의 공갈죄가 성립한다고 판시하였다
   (1996.9.20. 95도1728).

4. 횡 령

| Point 1 | 횡령죄란?

타인의 재물을 보관하는 자가 그 재물을 횡령하거나 그 반환을 거부함으로써 성립하는 범죄가 횡령죄이다(형법제355조). 즉, 보관하고 있는 타인 재물의 반환을 거부하여도 횡령죄가 성립함을 유의해야 한다.

| Point 2 | 어떠한 것이 해당하는가?
-구성요건해당성

(1) 객관적 구성요건

1) 주체
위탁관계에 의하여 타인의 재물을 보관하는 자가 횡령죄의 주체가 된다.

① 위탁관계 : 횡령죄의 본질은 신임관계에 위배하여 타인의 재물을 영득한다는 '배신성'에 있으므로 횡령죄의 보관은 신임관계에 입각한 위탁관계에 의해야 한다.
이러한 위탁관계는 사실상의 관계에 있으면 충분하므로 그 법적 권한의 유무는 묻지 않는다.
② 보관 : 수탁자(재물을 맡은 사람) 자신이 재물을 사실상·법률상 지배하는 것을 말한다.

횡령죄의 보관자가 될 수 있는가에 관해 궁금증이 많은 부분을 정리하면 다음과 같다.

ⅰ) **명의신탁관계** – 과거에는 명의신탁약정에 의해 등기부상 소유자로 등기되어 있는 자(명의수탁자)가 횡령죄의 주체가 될 수 있었으나 부동산실권리자명의등기에관한법률의 시행으로 명의신탁약정은 무효가 되고 그 등기는 원인무효등기가 되므로 이제는 명의수탁자는 횡령죄의 주체가 될 수 없다.

ⅱ) **임차인** – 임차인은 동산이나 부동산을 사실상 관리할 뿐이고 법률상 처분권한이 있는 것은 아니므로 횡령죄의 주체가 될 수 없다.

ⅲ) **미등기 부동산** – 등기가 되어 있지 않으므로 사실상 지배·관리하는 자가 보관자가 된다.

ⅳ) **유가증권의 점유** – 창고증권 등과 같은 유가증권의 소지인은 재물에 대한 법률상의 지배가 인정되므로 보관자가 된다.

ⅴ) **상·하주종간의 점유** – 상위자만이 보관자가 되는 것이 원칙이나 예외적으로 하위자에게 독립적인 처분권한이 있다면 하위자도 보관자가 될 수 있다. 즉, 가게의 점원은 원칙적으로 가게 물건에 대한 점유를 인정할 수 없으므로 가게의 물건을 영득한 경우 횡령죄가 아니라 절도죄로 처벌을 받게 되나 주인과의 특별한 신뢰관계에 기초하여 독립적인 처분권한이 부여된 경우 횡령죄의 보관자가 될 수 있다.

③ **불법원인급여** : 뇌물로 전해달라는 금원을 횡령한 경우 횡령죄로 처벌할 수 있는가?

이처럼 위탁관계가 불법한 불법원인급여물을 횡령한 경우에 횡령죄가 성립할 수 있는가가 문제가 된다.

판례의 경우 취탁자는 반환청구권을 상실하므로 수탁자는 법률상반환의무가 없으므로 수탁자가 불법원인급여물을 횡령하더라도 횡령죄가 성립하지 않는다는 입장을 취하고 있다(불법원인급여물은 민법 제746조에 의해 반환청구권을 상실한다).

2) 객체

자기가 보관하는 타인의 재물로서 재물의 소유권이 자기 이외의 타인에게 속하는 경우를 말한다.

3) 행위

① 횡령 : 타인의 재물을 보관하는 자가 그 재물에 대한 불법영득의사를 객관적으로 인식할 수 있는 방법으로 표현하는 것을 말한다.

이러한 횡령행위는 법률행위(매매, 담보제공, 대여 등)나 사실행위(소비, 은닉 등)를 불문하고 부작위에 의해서도 가능함은 앞에서 살펴본 바와 같다.

② 반환거부 : 보관물에 대해서 반환할 수 없는 사정이 존재하거나 반환을 거부할 수 있는 정당한 이유가 없음에도 불구하고 소유자의 권리를 배제하는 의사표시로서 불법영득의사를 표현하는 것을 말한다.

(2) 주관적 구성요건

횡령의 고의와 불법영득의사가 있어야 한다.

▌Point 3 ▌ 위법성 · 책임

사기와 같다.

▌Point 4 ▌ 횡령죄의 처벌

(1) 형법상의 처벌

5년 이하의 징역 또는 1천500만원 이하의 벌금에 처한다. 10년이하의 자격정지를 병과할 수 있으며 미수범은 처벌한다.

(2) 특정경제범죄가중처벌등에관한법률상의처벌

횡령죄 또는 업무상 횡령죄를 범한자가 그 범죄행위로 인해 취득하거나 제3자로 하여금 취득하게 한 재물 또는 재산상의 이익의 가액이 5억원 이상인 때에는 다음과 같이 가중처벌한다.

① 이득액이 50억원 이상인 때 : 무기 또는 5년 이상의 징역에 처한다.
② 이득액이 5억원 이상 50억원 미만인 때 : 3년 이상의 유기징역에 처한다.
이 경우 이득액 이하에 상당하는 벌금을 병과할 수 있다.

| Point 5 | 형법상 횡령의 죄

(1) 업무상 횡령죄

업무상의 임무에 위배하여 자기가 보관하는 타인의 재물을 횡령하거나 반환을 거부함으로서 성립하는 범죄이다. 업무자라는 신분으로 인해 책임이 가중되어 가중처벌 받는다.
여기서의 '업무'란 위탁관계에 의한 타인의 재물보관을 내용으로 하는 것으로서 주된 업무인가 부수적 업무인가는 묻지 않는다.
또한 법령이나 계약에 의한 업무외에도 사실상의 업무도 포함된다.
업무상 횡령죄는 10년 이하의 징역 또는 3천만원 이하의 벌금에 처하고 10년이하의 자격정지를 병과할 수도 있다. 미수범은 처벌된다.

(2) 점유이탈물횡령죄

유실물이나 표류물, 매장물 또는 타인의 점유를 이탈한 재물을 횡령함으로서 성립하는 범죄이다.
이것은 점유의 침해가 없으므로 절도죄와는 구별되며 위탁관계에 기한 보관자라는 신분이 없으므로 횡령죄와도 구별된다.
점유이탈물횡령죄는 1년 이하의 징역이나 300만원 이하의 벌금 또는 과료에 처한다. 본 죄의 미수범은 처벌되지 않는다.

▌Point 6 ▌ 다른 범죄와의 관계

(1) **사기죄와의 관계**: 자기가 점유하는 재물을 기망행위로 영득한 경우에는 횡령죄만 성립된다.

(2) **장물죄와의 관계**: 장물의 보관을 위탁받은 자가 이를 영득한 경우에는 장물보관죄만 성립하고, 횡령행위는 불가벌적 사후행위가 된다. 횡령죄에 의해 영득된 장물을 취득한 자는 횡령죄의 공범 또는 장물취득죄가 된다는 견해가 있다.

고소장

고소인	성명	홍○○
	주민등록번호	000000-0000000
	전화	000-0000/010-0000-0000
	주소	○○시 ○○구 ○○동 **
피고소인	성명	임○○
	주민등록번호	000000-0000000
	전화	000-0000/010-0000-0000
	주소	○○시 ○○구 ○○동 ***

고소취지

피고소인은 아래와 같은 사유로 일금 2,000만원을 횡령하였으므로 이에 고소를 하오니 엄중한 처벌을 내려주십시오.

고소이유

1. 피고소인과 저는 합자투자를 하여 ○○건설합자회사를 설립하였습니다.
2. 피고소인은 상기 회사의 대표사원으로서 동 회사의 정리업무를 담당하면서 회사의 수익금을 보관하게 되었음을 기화로 회사수익금 2,000만원을 임의로 소비하였습니다.
3. 이에 본 고소에 이르게 된 것입니다.

입증방법

합자회사 지분내역서	1통
회사 경리장부	1부

2000. OO. OO.

위 고소인 홍OO 인

서울지방검찰청 귀중

(양천경찰서장 귀하)

해설

1) 횡령죄란 타인소유·자기점유물을 영득하거나 그 반환을 거부하는 것이다.

2) 공동소유물인 경우에도 타인소유물로 간주된다.

3) 사안의 경우 고소인과 피고소인은 서로 투자를 하여 합자회사를 설립하여 운영하여 피고소인은 대표이사로서 근무하여 왔다. 그러므로 피고소인은 자신이 관리하던 회사수익금에 대한 타인소유·자기점유자로서 횡령죄의 주체가 된다.

4) 횡령죄와 배임죄의 구별에서 가장 먼저 해야할 일은 이와 같이 횡령죄의 주체가 될 수 있는 지를 살펴보아야 한다. 즉, 소유관계와 점유관계를 살펴서 타인소유·자기점유자인지를 보아야 한다.

5) 피고소인은 자기가 점유하는 타인소유물을 임의로 소비하였으므로 횡령죄가 성립하고 업무상의 임무에 의해 타인의 재물을 보관한 것이므로 결국 업무상횡령죄로 가중처벌된다.

고소장

고소인	성명	홍○○
	주민등록번호	000000-0000000
	전화	000-0000/010-0000-0000
	주소	○○시 ○○구 ○○동 **
피고소인	성명	임○○
	주민등록번호	000000-0000000
	전화	000-0000/010-0000-0000
	주소	○○시 ○○구 ○○동 ***

고소취지

피고소인은 아래와 같은 방법으로 자신이 보관하고 있던 부동산 (○○도 ○○군 123번지 소재)을 횡령하였으므로 이에 고소를 하오니 엄중한 처벌을 내려주십시오.

고소이유

1. 피고소인과 저는 지난 2○○○년 피고소인을 명의수탁자로 하는 명의신탁약정을 맺은 바 있습니다.
2. 피고소인은 그 다음 해인 2○○○년 명의신탁약정에 어긋나게 자신이 진정한 소유자인양 하여 상기 부동산을 소외 甲에게 매매대금 5,000만원에 양도하여 소유권이전등기를 해주었습니다.
3. 이에 본 고소에 이르게 된 것입니다.

입증방법

해당 부동산 등기부등본	1통
매매계약서	1통
명의신탁약정서	1통

2000. 00. 00.

위 고소인 홍○○ 인

서울지방검찰청 귀중

(양천경찰서장 귀하)

해설

1) 명의신탁된 부동산의 경우 그 소유관계와 점유관계가 문제가 된다.

2) 등기된 부동산의 경우 등기부상의 소유명의인이 보관자가 되는 것이 원칙이므로 명의수탁자도 횡령죄의 주체가 될 수 있다.

3) 그러므로 명의신탁된 부동산을 명의수탁자가 임의로 처분한 경우 명의수탁자는 횡령죄로 처벌받게 된다.

4) 그러나 부동산실권리자명의등기에관한법률의 시행에 의해 명의신탁약정은 무효가 되고 명의신탁된 등기는 원인무효인 등기가 되어 무효가 되므로 현재는 횡령죄가 성립하지 않아야 한다(그러나 민사법상의 법리가 형법상에서 완전히 구현되고 있지는 않다.).

고소장

고소인	성명	홍○○
	주민등록번호	000000-0000000
	전화	000-0000/010-0000-0000
	주소	○○시 ○○구 ○○동 **
피고소인	성명	임○○
	주민등록번호	000000-0000000
	전화	000-0000/010-0000-0000
	주소	○○시 ○○구 ○○동 ***

고소취지

피고소인은 아래와 같이 일금 5,000만원을 횡령하였으므로 이에 고소를 하오니 엄중한 처벌을 해 주십시오.

고소이유

1. 피고소인은 저와의 재산관리약정에 의해 제 돈 5,000만원을 관리하고 있었습니다.
2. 피고소인은 공동으로 관리하고 있던 5,000만원을 피고소인 임의대로 생활비와 유흥비등으로 소비하였습니다

입증방법

1. 재산관리약정서   1통
2. 예금통장 사본   1통

2ㅇㅇㅇ. ㅇㅇ. ㅇㅇ.

위 고소인 홍ㅇㅇ 인

서울지방검찰청 귀중

(양천경찰서장 귀하)

해설

1) 횡령죄의 객체는 자기가 점유하는 타인소유물이다.

2) 사안의 경우 피고소인은 재산관리약정에 의해 고소인의 돈 5,000
만원을 관리하고 있었고 이 돈을 임의로 소비하였으므로 타인소
유·자기점유물을 영득한 것으로서 횡령죄를 구성한다.

3) 위탁에 의한 재산관리가 업무인 경우 업무상 횡령죄로 가중처벌
받는다.

고소장

고소인	성명	홍○○
	주민등록번호	000000-0000000
	전화	000-0000/010-0000-0000
	주소	○○시 ○○구 ○○동 **
피고소인	성명	임○○
	주민등록번호	000000-0000000
	전화	000-0000/010-0000-0000
	주소	○○시 ○○구 ○○동 ***

고소취지

피고소인은 아래와 같이 제가 위탁한 물건을 임의로 매각하여 그 매각대금을 횡령하였으므로 이에 고소를 하오니 엄중한 처벌을 해 주십시오.

고소이유

1. 피고소인은 ○○도 ○○에서 창고업을 하는 창고업자입니다.
2. 저는 제가 농사 지은 백미 100가마를 유기농법재배표시를 한 가마니에 넣어 피고소인의 창고에 보관을 하였습니다.
3. 피고소인은 제가 맡긴 백미 100가마를 임의로 도매점에 판매하여 그 대금을 횡령하여 본 고소에 이르게 된 것입니다.

입증방법

임치계약서	1통
창고보관증	1통
도매업자와의 매매계약서	1통

2○○○. ○○. ○○.

위 고소인 홍○○ 인

수원지방검찰청 귀중

(수원경찰서장 귀하)

해설

1) 특정물로서 위탁된 물건을 임의로 소비하거나 매각하여 그 대금을 영득한 경우의 문제이다.

2) 특정물로서 위탁된 물건은 소유권이 위탁자에게 있으므로 수탁자가 이를 임의로 소비하면 횡령죄를 구성한다.

3) 이에 비해 불특정물로서 위탁된 경우(소비임치 등)에는 소유권이 수탁자에게 이전되므로 수탁자가 이를 임의로 소비하여도 횡령죄를 구성하지는 않는다.

4) 사안의 경우 고소인이 백미 100가마를 유기농법표시를 하여 즉, 특정물로서 위탁하였으므로 피고소인이 이를 임의로 매각한 행위는 횡령죄를 구성한다.

5) 피고소인은 창고업을 하는 창고업자이므로 위탁관계가 업무로 평가되어 업무상 횡령죄로 가중처벌받게 된다.

고소장

고소인	성명	홍○○
	주민등록번호	000000-0000000
	전화	000-0000/010-0000-0000
	주소	○○시 ○○구 ○○동 **
피고소인	성명	임○○
	주민등록번호	000000-0000000
	전화	000-0000/010-0000-0000
	주소	○○시 ○○구 ○○동 ***

고소취지

피고소인은 아래와 같이 매각대금 1,000만원을 횡령하였으므로 이에 고소를 하오니 엄중한 처벌을 해 주십시오.

고소이유

1. 피고소인은 도매업을 하는 자로서 저희 공장에서 생산되는 제품을 전량 위탁매매한다는 약정을 맺었습니다.
2. 저는 위 약정에 따라 저희 공장에서 생산되는 제품을 전량 피고소인에게 위탁판매해 줄 것을 요청하였습니다.
3. 피고소인은 저희 제품을 소매점에 전량 판매하고 그 판매대금을 받았음에도 불구하고 저희 제품의 대금을 지불하지 않고 자신의 활동비로 사용하였습니다.
4. 이에 본 고소에 이르게 된 것입니다.

위탁매매계약서   1통
소매점의 매매대금 입금표   10장

2000. ○○. ○○.
위 고소인 홍○○ 인

서울지방검찰청 귀중

(양천경찰서장 귀하)

해설

1) 위탁매매의 경우 수탁자가 그 매각대금을 위탁자에게 반환하지 않고 임의로 소비한 경우 횡령죄 성립여부의 문제이다.

2) 위탁매매의 경우 그 매각대금은 매각과 동시에 위탁자의 소유로 귀속되므로 이를 수탁자가 임의로 소비한 경우 수탁자는 자기가 점유하는 타인소유물을 처분한 것이 되므로 횡령죄를 구성하게 된다.

3) 사안의 경우 피고소인은 도매업을 하는 자로서 고소인이 생산하는 제품을 위탁매매한다는 약정을 맺었다.

4) 위 약정에 의해 위탁매매를 하고 그 대금을 위탁자에게 교부하지 않고 임의로 소비하였으므로 횡령죄가 성립한다.

고소장

고소인	성명	홍○○
	주민등록번호	000000-0000000
	전화	000-0000/010-0000-0000
	주소	○○시 ○○구 ○○동 **
피고소인	성명	임○○
	주민등록번호	000000-0000000
	전화	000-0000/010-0000-0000
	주소	○○시 ○○구 ○○동 ***

고소취지

피고소인은 아래와 같이 저의 농지(○○도 고양시 ○○동 124번지 소재)의 반환을 거부함으로 이에 고소를 하오니 엄중한 수사와 처벌을 해주십시오.

고소이유

1. 피고소인과 저는 2○○○년 아무런 조건 없이 농지(○○도 ○○시 ○○동 123번지 소재)1000평을 신탁하는 명의신탁약정을 맺었습니다.
2. 사업확장으로 돈이 필요하게 된 저는 등기이전에 들어가는 비용과 일체의 제반비용을 제가 낼 테니 농지를 반환하라고 2○○○.○.○일자로 내용증명을 보냈습니다.
3. 이것에도 불구하고 피고소인은 3년간 농사를 더 짓겠다고 우기며 농지의 반환을 거부하고 있습니다.

4. 이에 본 고소를 하게 된 것입니다.

입증방법

등기부 등본	1통
명의신탁약정서	1통
내용증명	1통

2000. 00. 00.
위 고소인 홍○○ 인

서울지방검찰청 귀중

(양천경찰서장 귀하)

해설

1) 횡령죄의 행위태양중 반환거부에 관한 문제이다.
2) 횡령죄는 타인의 재물을 보관하는 자가 그 재물을 횡령하거나 그 반환을 거부함으로써 성립하는 범죄로서 '반환거부'도 횡령죄의 행위태양중 하나이다.
3) 사안의 경우 피고소인은 고소인과의 명의신탁약정에 의해 고소인의 부동산을 관리하던 자인데, 고소인의 반환요구에도 불응하고 그 반환을 거부함으로써 횡령죄를 구성하게 되는 것이다.
4) 그러나 부동산실권리자명의등기에관한법률에 의해 명의신탁약정은 무효가 되므로 그 명의신탁등기는 원인무효의 등기가 될 것이다. 따라서 횡령죄의 주체인 타인소유·자기점유자인지의 여부에 대해서는 논란이 있을 것이나, 피고소인은 사실상 고소인의 부동산위에 농사를 지으며 사실상 관리·지배하여 왔으므로 타인의 소유물을 자기가 점유하는 횡령죄의 주체가 될 수 있을 것이다.

고소장

고소인	성명	홍○○
	주민등록번호	000000-0000000
	전화	000-0000/010-0000-0000
	주소	○○시 ○○구 ○○동 **
피고소인	성명	임○○
	주민등록번호	000000-0000000
	전화	000-0000/010-0000-0000
	주소	○○시 ○○구 ○○동 ***

고소취지

피고소인은 아래와 같이 제 부동산(○○시 ○○구 ○○동 234번지 소재)이 미등기 되어 있는 것을 기화로 이를 임의로 처분하여 그 매각대금을 횡령하였으므로 엄중한 처벌을 해 주십시오.

고소이유

1. 저는 ○○구 ○○동 234번지에 2○○○년 5월 2층짜리 건물을 건축하였으나 건축허가명의만을 피고소인의 건축회사(사리건축회사)에 신탁하였습니다.
2. 피고소인은 위 회사의 경영자로서 건축허가명의가 사리건축회사로 되어 있는 점을 기화로 위 부동산을 甲에게 매각하여 그 대금을 임의로 사용하였습니다.
3. 이에 본 고소를 하게 된 것입니다.

입증방법

건축허가명의서   1통

2000. 00. 00.

위 고소인 홍○○ 인

서울지방검찰청 귀중

(천호경찰서장 귀하)

해설

1) 미등기부동산의 경우 사실상 관리·지배하는 자가 횡령죄의 주체
   가 될 수 있을 것인지의 문제이다.

2) 소유권보존등기가 되어 있지 않은 건물이 실제로 피해자가 재료
   의 주요부분과 노력을 제공하여 건축한 피해자의 소유로서 건축허
   가명의만을 甲회사에게 신탁한 경우에 있어서, 甲회사의 실질적인
   경영자인 피고인은 건축허가명의자인 甲회사의 명의로 소유권보
   존등기를 하여 대외적으로 유효하게 위 건물을 처분할 수 있는 지
   위에 있는 자이어서 타인의 부동산인 위 건물을 보관하는 자에 해
   당한다고 판례는 보았다(대판 1990.3.23. 89도1911).

고소장

고소인	성명	홍○○
	주민등록번호	000000-0000000
	전화	000-0000/010-0000-0000
	주소	○○시 ○○구 ○○동 **
피고소인	성명	임○○
	주민등록번호	000000-0000000
	전화	000-0000/010-0000-0000
	주소	○○시 ○○구 ○○동 ***

고소취지

피고소인은 아래와 같이 제 지갑을 영득하였으므로 이에 고소를
하오니 엄중한 처벌을 해 주십시오.

고소이유

1. 피고소인은 ○○에서 ○○까지의 출장길에 고속버스 옆좌석에
   승차했던 사람입니다.
2. 도착지에 내려 여장을 풀다보니 지갑을 버스에 놓고 내린 것을
   발견하고 해당 버스에 다시 탑승하여 지갑을 찾아보니 이미 지
   갑은 사라진 뒤였습니다.
3. 다시 내려가 주위를 둘러보니 피고소인이 화장실에서 나오는
   것을 발견하고 다가가 지갑 혹시 못보았느냐고 물어보면서 어
   딘가 미심쩍은 곳이 있어 주머니를 뒤져 보니 제 지갑이 있었습
   니다.

4. 이에 본 고소에 이르게 된 것입니다.

입증방법

추후 제출하겠음

2000. 00. 00.
위 고소인 홍○○ 인

대전지방검찰청 귀중

해설

1) 고속버스 내 유실물은 누구의 점유에 속하는 것인지가 문제가 된다.

2) 고속버스의 운전사는 고속버스의 간수자로서 차내에 있는 승객의 물건을 점유하는 것이 아니고 승객이 잊고 내린 유실물을 교부받을 권능을 가질 뿐이므로 유실물을 현실적으로 발견하지 않는 한 이에 대한 점유를 개시하였다고 할 수 없고, 그 사이에 다른 승객이 유실물을 발견하고 이를 가져 갔다면 절도에 해당하지 아니하고 점유일탈물횡령죄에 해당한다고 판례는 보고 있다(1993.3.16. 92도3170).

3) 사안의 경우 피고소인은 고소인은 놓고 내린 지갑을 운전수가 발견하기 전에 영득하였으므로 타인소유 점유이탈물을 대상으로 하는 점유이탈물 횡령죄가 성립한다.

고소장정정신청서

사건번호
사 건 명 　　　　　사기
피 의 자 　　　　　임 걱 정
신청인(고소인) 　　　홍 길 동

위 사건에 관하여 2000.0.0.자로 제출한 고소장 기재내용 중 오기가 있으므로 아래와 같이 정정하고자 하오니 허가하여 주시기 바랍니다.

아　래

1. 피고소인의 주소 "○○시○○구○○동"을 "△△시△△구△△ 동"으로 정정

2000. 00. 00.
신청인(고소인) 홍○○ 인

서울지방검찰청 귀중

고소위임장

본인은 금번 귀경찰서에 임○○(생년월일 60.12.3.)을 사기죄로 고소를 제기함에 있어서 본인의 사정으로 인하여 본인의 동생인 조기수(주민번호 000000-0000000)를 소송 대리인으로 정하고 동인에게 고소인 진술이나 취소 등 소송관계 권한 일체를 위임합니다.

첨부 인감증명   1부

2000. 00. 00.

위임자 조 철 환 인

동부경찰서장 귀하

고소취소장

고 소 인   홍 길 동
피고소인   임 걱 정

위 고소인은 피고소인을 횡령혐의로 2000.0.0. 귀서(또는 귀
청)에 고소한 사실이 있었으나 고소인은 피고소인과 원만한 합의
를 한 바 있으므로 이건 고소를 전부 취소합니다.

2000. 00. 00.
위 고소인 홍○○ 인

서초경찰서장 귀하
(서울지방검찰청 귀중)

1) 고소는 1심판결선고시까지 취소할 수 있으며, 취소한 자는 다시 고소하지 못한다.

2) 피해자가 고소를 하고 사망한 경우 그 부나 다른 사람이 고소를 취소하여도 이 경우의 고소취소는 적법한 고소취소가 아니므로 인정되지 않는다.

3) 공소제기 후의 고소취소는 법원에 대하여 하여야 한다.

4) 고소취소는 의사를 분명히 하여야 하며 고소인과 피해자 사이에 합의서가 작성된 것만으로는 고소취소가 있었다고 보기 어렵다. 이는 합의서는 수사기관이나 법원에 대하여 고소취소의 의사표시라고 할 수 없기 때문이다(대판 83.9.27. 83도516).

5) 합의서와 함께 관대한 처벌을 바란다는 취지의 탄원서가 법원에 제출된 때에는 고소의 취소가 있는 것으로 보아야 한다.

6) 구술에 의하여 고소를 취소하는 경우, 법대로 처벌하되 관대하게 처리하여 달라는 취지의 진술은 고소의 취소라고 볼 수 없다(대판 81.1.31. 80도2210).

5. 배임

▍Point 1 ▍ 배임죄란?

타인의 사무를 처리하는 자가 그 임무에 위배하는 행위로써 재산상의 이익을 취득하거나 제3자로 하여금 이를 취득하게 하여 본인에게 손해를 가함으로서 성립하는 범죄이다(형법 제355조).

▍Point 2 ▍ 어떠한 것이 해당되는가?
– 구성요건해당성

(1) 객관적 구성요건

1) 주체

타인의 사무를 처리하는 자가 배임죄의 주체가 된다.

즉, 타인과의 신임관계에 의해 맡겨진 사무를 신의성실의 원칙에 의해 처리해야 할 의무가 있는 자를 말한다. 대외적으로 대리권과 같은 법적 권한은 요하지 않지만 대내적으로 임무를 성실하게 처리해야할 의무는 있어야 한다.

2) 사무의 타인성

타인의 재산을 보호하는 것이 주된 사무이어야 한다. 단순한 부수적

의무인 것만으로는 배임죄의 타인의 사무에 해당하지 않는다.

즉, 계약이행에 대한 일반적 의무(단순 채무의 부담, 이행의무, 고지의무, 설명의무 등)는 상대방의 재산보호가 본질적 내용에 해당한다고 볼 수 없으므로 타인의 사무가 아니라고 볼 수 있다.

그러나 자기사무로서의 성질과 타인사무로서의 성질을 동시에 갖고 있는 경우에도 타인재산의 보호가 본질적 요소라고 판단된다면 배임죄의 타인의 사무에 해당한다.

3) 사무

배임죄는 재산죄이므로 배임죄의 사무는 재산상의 사무에 한정된다고 보는 것이 다수설이다.

또한 타인재산보호가 본질적인 내용인 한 공적인 사무 · 사적인 사무 · 계속적 · 일시적 사무를 묻지 않으나 일정 정도의 포괄적인 내용과 사무처리의 독립성이 있는 사무이어야 한다. 그러므로 본인의 지시에 의해 기계적 사무에 종사하는 자는 배임죄의 주체가 될 수 없다(어느 정도의 재량권을 갖고 있다고 판단된다면 보조자도 배임죄의 주체가 될 수 있다. 경우에 따라 구체적으로 판단되어야 할 것이다).

4) 행위

배임행위에 의해 재산상 이익을 취득하여 본인에게 손해를 가하는 것이다.

① 배임행위 : 본인과의 신임관계를 파괴하는 것으로서 사무처리자로서의 임무에 위배하는 일체의 행위를 말한다. 신의성실의 원칙에 비추어 그 임무에 위배하였는지를 판단해야 할 것이다.

즉, 고의로 불량대출을 해 준다거나, 계주가 고의로 그 임무에 위배하여 곗돈을 지급하지 않는다거나 등기협력의무를 이행하지 않는다거나 하는 등의 행위를 말한다.

② 재산상 손해 : 배임행위로 인해 본인에게 재산상 손해가 발생해야

한다. 경제적 관점에서 재산가치의 감소 여부를 배임행위 전후를 비교하여 판단하여야 한다.

불량대부, 어음채무의 부담 등과 같이 현실적으로 손해가 발생한 경우뿐만 아니라 재산상 가치 감소의 위험이 발생한 경우도 포함한다.

(2) 주관적 구성요건

배임에 대한 고의와 불법영득의사가 있어야 한다.

▌Point 3 ▌ 위법성·책임

→ Point 4로 넘어갑니다.

▌Point 4 ▌ 배임죄의 처벌

(1) 형법상의 처벌

5년 이하의 징역 또는 1천500만원 이하의 벌금에 처한다. 10년 이하의 자격정지를 병과할 수도 있으며 미수범도 처벌된다.

(2) 특정경제범죄가중처벌등에관한법률상의 처벌

배임 또는 업무상의 배임죄를 범한 자가 그 범죄행위로 인하여 취득하거나 제3자로 하여금 취득하게 한 재물 또는 재산상의 이익의 가액이 5억원 이상인 때에는 다음에 따라 가중처벌된다.

1) 이득액이 50억원 이상인 때 : 무기 또는 5년 이상의 징역에 처한다.
2) 이득액이 5억원 이상 50억원 미만인 때 : 3년 이상의 유기징역에 처한다.

이 경우 이득액 이하에 상당하는 벌금을 병과할 수 있다.

Point 5 ┃ 형법상 배임의 죄

(1) 업무상 배임죄

업무상 타인의 사무를 처리하는 자가 그 임무에 위배하는 행위로써 재산상의 이익을 취득하거나 제3자로 하여금 이를 취득하게 하여 본인에게 손해를 가함으로써 성립되는 범죄이다. 업무자라는 신분에 의해 책임이 가중되는 것이다.

10년 이하의 징역 또는 3천만원 이하의 벌금에 처한다.

(2) 배임수재죄

타인의 사무를 처리하는 자가 그 임무에 관하여 부정한 청탁을 받고 재물 또는 재산상의 이익을 취득함으로써 성립하는 범죄이다.

1) 행위

① 임무에 관하여 : 위임받은 본래의 사무뿐만 아니라 그와 밀접한 관계가 있는 범위 내의 사무를 포함한다.

② 부정한 청탁 : 사무처리자에 대해서 그의 임무상 사회상규나 신의성실의 원칙에 위배되는 행위를 해줄 것을 요구하는 것이다. 그 내용이 사회상규나 신의성실의 원칙에 비추어 위배되는 내용이면 충분하고, 반드시 배임행위가 되는 것일 필요는 없다(대판1989.12.12,89도495).

③ 받고 : 청탁에 대해 승낙하는 것을 말한다.

2) 재물 또는 재산상 이익의 취득

부정한 청탁과 관련하여 재물 또는 재산상의 이익을 현실적으로 수령하는 것을 말한다.

취득은 부정한 청탁과 관련되어야 하며 현실적 수령이어야 한다. 단순한 요구나 약속만으로는 본죄가 성립되지 않고 미수가 성립된다는 것이 다수설의 견해이다.

재물 또는 재산상 이익의 취득당시 관련된 임무의 현실적 담당은 요하지 않는다.

3) 배임수재죄의 처벌

5년 이하의 징역 또는 1천만원 이하의 벌금에 처한다. 10년 이하의 자격정지를 병과할 수 있으며 취득한 물건은 반드시 몰수하고(필요적 몰수), 요구 · 약속 · 공여된 물건은 몰수할 수 있다(임의적 몰수). 몰수할 수 없거나 재산상 이익을 취득한 때에는 그 가액을 추징한다. 미수범 처벌규정이 있다.

(3) 배임증재죄

타인의 사무를 처리하는 자에게 그 임무에 관하여 부정한 청탁을 하고 재물 또는 재산상의 이익을 공여함으로써 성립하는 범죄이다.

배임수재죄와 필요적 공범관계에 있는 구성요건이다.

2년 이하의 징역 또는 500만원 이하의 벌금에 처하며 10년 이하의 자격정지를 병과할 수 있다. 미수범도 처벌한다.

▌Point 6 ▌ 다른 범죄와의 관계

(1) **횡령죄와의 관계**: 횡령죄가 성립되면 배임죄는 별도로 성립되지 않는다(법조경합관계).

(2) **사기죄와의 관계**: 타인의 사무를 처리하는 자가 그 임무를 반하여 본인을 기망하여 본인에게 손해를 가한 경우, 예컨대 보험회사의 외근사원이 피보험자로 하여금 회사를 기망하게 하고 보험계약을 체결하게 하여 이익을 취득케 하였다면 사기죄와 배임죄의 상상적 경합이 된다.

(3) **장물죄와의 관계:** 장물이란 재산범죄에 의하여 영득한 재물을 말하며, 재산범죄에 제공된 물건은 장물이 아니다. 배임죄에 의하여 취득한 것은 재산상의 이익이며 재물은 배임행위에 제공된 물건에 지나지 아니하므로 이를 취득하여도 장물죄가 성립하지 않는다. 따라서 이중매매된 부동산을 취득하거나 양도담보로 제공한 물건을 처분하는 것을 취득한 자는 배임죄의 공범은 될 수 있어도 장물취득죄는 성립하지 않게 된다.

▣ 배임수증재죄(背任收贈財罪)

– 타인의 사무를 처리하는 자가 그 임무에 관하여 부정한 청탁을 받고 재물 또는 재산상의 이익을 취득하거나 제3자로 하여금 이를 취득하게 하거나(배임수재죄) 타인의 사무를 처리하는 자에게 그 임무에 관하여 부정한 청탁을 하고 재물 또는 재산상의 이익을 공여(배임증재죄)함으로써 성립하는 범죄이다.

– 배임수증재죄는 주로 신뢰 관계에 기반을 두고 있는 업무 및 거래나 계약 과정에서 피해자를 속이거나 기망하는 방식으로 발생된다. 예를 들어 기업간의 거래에서 거짓 정보 제공 또는 재무상태 내용을 허위로 과장하여 실적을 조작하는 경우가 대표적인 사례이다. 그밖에 가치 없는 물건을 고가로 판매, 타인의 명의나 신용 정보를 도용하여 불법적 이득을 취득하는 경우 등이 있다. 배임수증재죄의 처벌은 경제적인 피해 정도와 범행자의 의도에 따라 다양하게 결정될 수 있다.

고소장

고소인   성명   홍○○
           주민등록번호   000000-0000000
           전화   000-0000/010-0000-0000
           주소   ○○시 ○○구 ○○동 **
피고소인   성명   임○○
           주민등록번호   000000-0000000
           전화   000-0000/010-0000-0000
           주소   ○○시 ○○구 ○○동 ***

고소취지

피고소인은 아래와 같은 방법으로 본인에게 손해를 입힌 바 이에
고소를 하오니 엄중한 처벌을 내려주십시오.

고소이유

1. 피고소인과 저는 각각 1/3,2/3의 지분으로 토지(○○도 ○○군
   124번지 소재)를 공유하고 있었습니다.
2. 피고소인과 저는 위 토지를 매도하기로 합의하고 피고소인에게
   적당한 원매자를 찾아 적당한 가격에 매매하여 달라고 매매에
   관한 권한을 위임하였습니다.
3. 위의 권한을 위임받은 피고소인은 자신의 지분에 대해서는 50
   억원, 저의 지분에 대해서는 30억원에 개별적으로 매매하는 계
   약을 체결하여 저에게 손해를 입혔습니다.
4. 이에 본 고소에 이르게 된 것입니다.

해당 부동산 등기부등본   1통
매매계약서   2통

                              2 0 0 0 . 0 0 . 0 0 .
                              위 고소인 홍○○ 인

서울지방검찰청 귀중
(양천경찰서장 귀하)

해설

1) 배임죄란 타인의 사무를 처리하는 자가 그 임무에 위배하는 행위로써 재산상의 이익을 취득하거나 제3자로 하여금 이를 취득하게 하여 본인에게 손해를 가함으로써 성립하는 범죄이다.

2) '임무에 위배하는 행위'라 함은 당해 사무의 내용·성질 등 구체적 상황에 비추어 법률의 규정, 계약의 내용 또는 신의성실의 원칙상 당연히 할 것으로 기대되는 행위를 하지 않거나 당연히 하지 않아야 할 것으로 기대되는 행위를 함으로써 본인에 대한 신임관계를 저버리는 일체의 행위를 포함한다(대판 1994.9.9. 94도902).

3) 위 사안의 경우 피고소인은 고소인에게 적당한 원매자를 찾아 적정한 매매가격으로 매각하여 달라는 권한을 위임받았으므로 배임죄의 주체인 '타인의 사무를 처리하는 자'가 된다.

4) 피고소인은 위의 신임관계에 비추어 적정한 가격으로 매각하여야 함에도 불구하고 자신의 지분에 대해서만 높은 가격을 받고, 그에 비해 고소인의 지분에 대해서는 상당히 낮은 가격으로 매각하였으므로 그 임무에 위배하여 본인에게 손해를 가하였다고 판단된다.

5) 피고소인의 행위는 배임죄를 구성한다.

고소장

고소인	성명	홍○○
	주민등록번호	000000-0000000
	전화	000-0000/010-0000-0000
	주소	○○시 ○○구 ○○동 **
피고소인	성명	임○○
	주민등록번호	000000-0000000
	전화	000-0000/010-0000-0000
	주소	○○시 ○○구 ○○동 ***

고소취지

피고소인은 아래와 같은 방법으로 저에게 손해를 입혔던바 이에 고소를 하오니 엄중히 처벌하여 주십시오.

고소이유

1. 피고소인은 계금 426만원 월불입금 22만원의 12구좌로 된 낙찰계를 조직하여 운영하던 계주입니다.
2. 지정된 곗날에 계원들로부터 월불입금을 징수하여 최고액의 이자를 써넣은 낙찰계원에게 이자를 공제한 나머지 금액을 지급하는 방법으로 계를 운영하여 왔습니다.
3. 피고소인은 지난 4월 계원들로부터 월불입금을 모두 징수하였음에도 불구하고 그 임무에 위배하여 이를 낙찰계원인 저에게 지급하지 아니하였습니다.
4. 이에 본 고소에 이르게 된 것입니다.

해당 부동산 등기부등본	1통
매매계약서	1통
명의신탁약정서	1통

2000. ○○. ○○.

위 고소인 홍○○ 인

서울지방검찰청 귀중

(양천경찰서장 귀하)

해설

1) 계와 관련하여 자주 제기되는 문제이다.

2) 낙찰계의 계주는 계원들과의 약정에 따라 지정된 곗날에 계원들로 부터 월불입금을 징수하여 이를 낙찰계원에게 지급할 임무가 있으 므로 계주가 계원들로부터 월불입금을 징수하였음에도 불구하고 그 임무에 위배하여 이를 낙찰계원에게 지급하지 아니하였다면 다 른 특별한 사정이 없는 한 낙찰계원에 대한 관계에 있어서 배임죄 를 구성한다(대판 1987.2.24. 86도1744).

3) 사안의 경우 낙찰계의 계주는 배임죄의 주체인 '타인의 사무를 처 리하는 자'에 해당한다.

4) 피고소인은 그 임무에 위배하여 지정된 날에 계원에게 계금을 지 급하지 아니하였으므로 배임죄를 구성하게 된다.

고소장

고소인	성명	홍○○
	주민등록번호	000000-0000000
	전화	000-0000/010-0000-0000
	주소	○○시 ○○구 ○○동 **
피고소인	성명	임○○
	주민등록번호	000000-0000000
	전화	000-0000/010-0000-0000
	주소	○○시 ○○구 ○○동 ***

고소취지

피고소인은 아래와 같은 방법으로 저에게 손해를 입혔던 바 이에 고소를 하오니 엄중히 처벌하여 주십시오.

고소이유

1. 저는 피고소인에게 일금 1,000만원을 차용하면서 이에 대한 담보로 제 명의의 부동산(○○ ○○동 소재)을 피고소인 명의로 소유권이전등기를 해주었습니다.

2. 피고소인은 ○○은행으로부터 대출을 받으면서 위 부동산을 은행에 담보로 제공하였고 변제기일이 지나 임의 경매절차가 진행되었습니다.

3. 이에 저는 제 채무액 1,000만원 전액을 변제공탁하고 소유권이전등기를 해줄 것을 요청하였습니다.

4. 그러나 피고소인은 위 공탁금을 아무런 이의없이 수령하고도 위 진행되던 경매절차에 아무런 손을 쓰지 않아 결국 위 부동산은 소외 '丁'에게 경락되었고 그 경락잔금까지 피고소인은 받아

갔습니다.

5. 이에 본 고소에 이르게 된 것입니다.

입증방법

해당 부동산 등기부등본	1통
차용증	1통
변제공탁증서	1통

2000. 00. 00.

위 고소인 홍○○ 인

서울지방검찰청 귀중

(양천경찰서장 귀하)

해설

1) 채권액을 전액 변제하고 나서 양도담보로 제공된 부동산의 소유권이전등기의무에 채권자가 협력해야 할 의무가 배임죄의 '타인의 사무'에 해당하는지의 여부가 문제된다.

2) 양도담보의 피담보채권이 채무자의 변제 등에 의해 소멸하면 양도담보권자는 담보목적물의 소유자이었던 담보설정자에게 그 권리를 회복시켜 줄 의무를 부담하게 되므로 그 이행은 배임죄의 '타인의 사무'에 해당한다는 것이 판례의 태도이다(대판 1988.12.13. 88도184).

3) 사안의 경우 피고소인은 고소인이 채무를 전액 변제공탁한 공탁금을 아무런 이의 없이 수령하였음에도 불구하고 등기협력의무를 이행하지 않아 결국 고소인에게 재산상 손해를 입혔으므로 배임죄에 해당한다.

고소장

고소인 　성명　　　　　　홍○○
　　　　주민등록번호　　000000-0000000
　　　　전화　　　　　　000-0000/010-0000-0000
　　　　주소　　　　　　○○시 ○○구 ○○동 **
피고소인 성명　　　　　　임○○
　　　　주민등록번호　　000000-0000000
　　　　전화　　　　　　000-0000/010-0000-0000
　　　　주소　　　　　　○○시 ○○구 ○○동 ***

고소취지

피고소인은 아래와 같은 방법으로 저에게 손해를 입혔던 바 이에
고소를 하오니 엄중히 처벌하여 주십시오.

고소이유

1. 저는 피고소인에게 일금 1,500만원을 차용하면서 제 부동산(○
　○도 ○○ 소재)을 피고소인명의로 가등기해주었습니다.
2. 저는 지난 6월 7일 위 채무액을 변제공탁하고 그 사실을 내용
　증명으로 통지하였습니다.
3. 피고소인은 위 통지를 받고서도 자기 앞으로 본등기를 경료함
　과 동시에 소외 丁앞으로 가등기를 경료하였습니다.
4. 이에 본 고소에 이르게 된 것입니다.

입증방법

해당 부동산 등기부등본	1통
차용증	1통
변제공탁증서	1통
내용증명 우편	1통

2000. 00. 00.

위 고소인 홍○○ 인

서울지방검찰청 귀중

(양천경찰서장 귀하)

해설

1) 담보목적으로 가등기된 부동산의 피담보채권변제후 등기협력의무가 배임죄에 있어서의 '타인의 사무'에 해당하는지의 여부가 문제된다.

2) 담보목적으로 담보권자에게 가등기가 경료된 피해자 소유의 부동산에 대하여 피해자(고소인)로부터 채무가 변제공탁된 사실을 통고받고서도 자신 앞으로 본등기를 경료함과 동시에 제3자 앞으로 가등기를 경료하여 준 경우에는 배임죄에 해당한다는 것이 판례의 태도이다(대판 1990.8.10. 90도414).

3) 사안에서도 피고소인은 채무액이 변제공탁되었다는 사실을 고소인으로부터 통고받았음에도 불구하고 자기 앞으로 본등기를 경료하고 소외 丁앞으로 가등기를 경료하였으므로 배임죄에 해당한다.

고소장

고소인   성명   홍○○
         주민등록번호   000000-0000000
         전화   000-0000/010-0000-0000
         주소   ○○시 ○○구 ○○동 **
피고소인 성명   임○○
         주민등록번호   000000-0000000
         전화   000-0000/010-0000-0000
         주소   ○○시 ○○구 ○○동 ***

고소취지

피고소인은 아래와 같은 방법으로 회사에 손해를 입혔던 바 이에 고소를 하오니 엄중히 처벌하여 주십시오.

고소이유

1. 피고소인은 ○○주식회사의 대표이사입니다.
2. ○○주식회사의 재산은 ○○실업주식회사에 맡겨둔 보증금 1억원 뿐인데 피고소인은 소외 丁을 위하여 이사회의 사전승인 없이 자의로 위 회사로 하여금 丁을 위하여 8,000만원 한도에서 丁의 차용금을 보증하게 하였습니다.
3. 이에 본 고소에 이르게 된 것입니다.

추후 수시로 제출하겠습니다.

2ㅇㅇㅇ. ㅇㅇ. ㅇㅇ.
위 고소인 홍ㅇㅇ 인

서울지방검찰청귀중
(양천경찰서장 귀하)

해설

1) 회사의 대표이사가 이사회의 의결도 거치지 아니하고 임의로 회사의 공금을 이용하여 제3자의 채무를 보증한 경우 배임죄의 성립여부가 문제된다.

2) 회사의 대표이사는 회사를 위하여 자금과 사업을 운영하여야 하는 의무가 있음에도 이사회의 사전승인 등 정식적인 절차없이 임의로 회사의 공금을 그 임무에 위배된 곳에 사용한 것은 배임죄가 성립한다.

3) 사안의 경우 회사의 대금결제 보증금이 1억원뿐인데 이사회의 사전승인도 없이 8천만원 한도에서 소외 丁의 채무를 보증한 것은 배임죄에 해당한다.

4) 따라서 피고소인에게는 업무상 배임죄가 성립한다.

고소장

고소인	성명	홍○○
	주민등록번호	000000-0000000
	전화	000-0000/010-0000-0000
	주소	○○시 ○○구 ○○동 **
피고소인	성명	임○○
	주민등록번호	000000-0000000
	전화	000-0000/010-0000-0000
	주소	○○시 ○○구 ○○동 ***

고소취지

피고소인은 아래와 같은 방법으로 회사에 손해를 입혔던 바 이에 고소를 하오니 엄중히 처벌하여 주십시오.

고소이유

1. 피고소인은 주식회사 ○○의 대표이사입니다.
2. 피고소인은 주식회사 ○○의 유일한 재산인 아파트 부지 및 건물을 소외 丁건설 주식회사에 매도하고 소유권이전등기를 경료하였습니다.
3. 그러나 피고소인은 위의 행위를 하면서 사전에 주주총회의 특별결의나 이사회의 승인을 거치지 아니한 상태였습니다.
4. 이에 본 고소에 이르게 된 것입니다.

입증방법

해당 부동산 등기부등본   1통

2000. 00. 00.
위 고소인 홍○○ 인

서울지방검찰청 귀중
(양천경찰서장 귀하)

해설

1) 회사의 대표이사가 정식적인 절차를 밟지 않고 임의로 회사의 재산을 매각한 경우 배임죄의 성립여부와 정식절차를 밟지 않았으므로 법률적으로 무효인 행위가 회사에 재산상 손해를 입혔는지가 문제된다.

2) 배임죄에 있어서 재산상 손해를 가한 때라 함은 현실적인 손해를 가한 경우뿐만 아니라 재산상 실해(實害)발생의 위험을 초래한 경우도 포함되고, 재산상 손해의 유무에 대한 판단은 본인의 전재산상태와의 관계에서 법률적 판단에 의하지 아니하고 경제적 관점에서 파악하여야 하며, 따라서 법률적 판단에 의하여 당해 배임행위가 무효라 하더라도 경제적 관점에서 파악하여 배임행위로 인하여 본인에게 현실적인 손해를 가하였거나 재산상 실해(實害)발생의 위험을 초래한 경우에는 재산상의 손해를 가한 때에 해당한다고 판례는 보고 있다(대판 1995.11.21. 94도 1375).

3) 사안의 경우 피고소인은 비록 정식적인 절차를 밟지 않았으나 대표이사로 있는 주식회사 해구의 유일한 재산인 아파트 부지 및 건물을 소외 丁건설 주식회사에 매도하여 소유권이전등기를 경료하였으므로 그 매도행위와 소유권이전등기가 법률상 무효라 하더라도 경제적 관점에서 파악을 한다면 재산상 손해를 가하였다고 볼 수 있으므로 배임죄를 구성한다.

고소장

고소인 성명   홍○○

     주민등록번호 000000-0000000

     전화   000-0000/010-0000-0000

     주소   ○○시 ○○구 ○○동 **

피고소인 성명   임○○

     주민등록번호 000000-0000000

     전화   000-0000/010-0000-0000

     주소   ○○시 ○○구 ○○동 ***

고소취지

피고소인은 아래와 같은 방법으로 저에게 손해를 입혔던 바 이에 고소를 하오니 엄중히 처벌하여 주십시오.

고소이유

1. 피고소인은 ○○증권주식회사의 사원입니다.
2. 피고소인은 저의 매입주문이 없었음에도 불구하고 제가 주식매입자금으로 입금한 5,000만원으로 주식을 매입하였는데 며칠 후 위 주식의 시세가 하락하여 저에게 1,000여만원의 손해를 입혔습니다.
3. 이에 본 고소에 이르게 된 것입니다.

입증방법

추후 수시로 제출하겠습니다.

2000. 00. 00.

위 고소인 홍○○ 인

서울지방검찰청 귀중

(양천경찰서장 귀하)

해설

1) 요즘 활발하게 이루어 지고 있는 증권투자에 관련된 문제이다. 주식
   매입자금으로 예치한 금액을 사전 동의없이 임의로 증권회사 직원
   이 투자하여 손해를 본 경우 배임죄가 성립하느냐와 배임죄의 성립
   에 본인에게 재산상 손해를 가하려는 목적이 필요한 지가 문제된다.

2) 우선 배임죄의 주체가 되느냐의 문제를 보면 고객과 증권회사와의
   사이에 매매거래에 관한 위탁계약이 성립되기 이전에는 증권회사
   는 매매거래 계좌설정 계약시 고객이 입금한 예탁금을 고객의 주
   문이 있는 경우에 한하여 그 거래의 결제의 용도로만 하용하여야
   하고, 고객의 주문이 없이 무단 매매를 행하여 고객의 계좌에 손
   해를 가하지 아니하여야 할 의무를 부담하는 자로서 배임죄에서
   의 '타인의 사무를 처리할 자'에 해당한다는 것이 판례의 태도이다
   (1995.11.21. 94도1598).

3) 업무상 배임죄가 성립되기 위하여는 주관적으로 배임행위의 결과
   본인에게 재산상의 손해가 발생 또는 발생될 염려가 있다는 인식
   과 자기 또는 제3자가 재산상의 이익을 얻는다는 인식이 있으면
   족한 것이고, 본인에게 재산상의 손해를 가한다는 의사나 자기 또
   는 제3자에게 재산상의 이득을 얻게 하려는 목적은 요하지 아니한
   다는 것이 판례의 입장이다(대판 1995.11.21. 94도1598).

4) 사안의 경우 피고소인은 고소인의 주식매입주문이 없었음에도 무단
   매입하여 고소인에게 재산상 손해를 입혔으므로 배임죄에 해당한다.

5) 피고소인은 고객과의 계약에 따라 업무를 행하는 업무자이므로 업
   무상 배임죄에 의해 가중처벌 받는다.

고소장

고소인	성명	홍○○
	주민등록번호	000000-0000000
	전화	000-0000/010-0000-0000
	주소	○○시 ○○구 ○○동 **
피고소인	성명	임○○
	주민등록번호	000000-0000000
	전화	000-0000/010-0000-0000
	주소	○○시 ○○구 ○○동 ***

고소취지

피고소인은 아래와 같은 방법으로 저에게 손해를 입혔던 바 이에 고소를 하오니 엄중히 처벌하여 주십시오.

고소이유

1. 피고소인은 저와 지난 6월 18일 피고소인 명의의 주택(○○시 ○○구 ○○동 123번지 소재)에 대한 매매계약을 체결하였습니다.
2. 저는 같은 달 30일에 중도금 2억원을 피고소인에게 지급하였습니다.
3. 중도금까지 수령한 피고소인은 소외 丁에게 임의로 위 주택에 대한 근저당권설정등기를 경료하여 주었습니다.
4. 이에 본 고소에 이르게 된 것입니다.

입증방법

해당 부동산 등기부등본	1통
중도금 지급 영수증	1통

2000. 00. 00.

위 고소인 홍○○ 인

서울지방검찰청 귀중

(동대문경찰서장 귀하)

해설

1) 부동산 매매에 있어서 중도금을 수령한 후 이중매매한 경우에 배임죄의 성립여부가 문제된다.

2) 부동산의 매도인이 매수인으로부터 계약금과 중도금까지 수령한 이상 특단의 약정이 없다면 잔금수령과 동시에 매수인 명의로의 소유권이전 등기에 협력할 임무가 있다고 할 것이므로 그 후 매도인이 위 부동산을 제3자에게 처분함으로써 제1차 매수인이나 중간생략등기의 합의를 한 전 매수인에게 잔대금수령과 상환으로 소유권이전등기절차를 이행하는 것이 불가능하게 되었다면 배임죄에 해당한다는 것이 판례의 태도이다(대판 1985.1.29. 84도1814).

3) 그렇다면 부동산의 이중매매에서 언제부터 배임죄의 '타인의 사무를 처리하는 자'가 되는 것일까?

4) 통설과 판례는 중도금을 수령하고 나서부터는 계약의 이행에 착수한 것이 되므로 함부로 계약을 해제할 수 없으므로 이 때부터 '타인의 사무를 처리하는 자'가 된다고 보고 있다.

6. 폭행 및 상해

일련의 고소사건들을 살펴보면 폭행과 상해에 대한 고소사건도 적지 않은 부분을 차지하고 있는 것을 알 수 있다. 주로 음주중에 시비가 붙어 싸움으로 이어져 폭행 및 상해의 결과를 낳는 부분이 많다.

폭행과 상해는 각각의 구성요건으로 규정되어 있는데 사람들은 무엇이 폭행이고 무엇이 상해인지에 대해서 정확히 알고 있는 사람들은 그리 많지 않다.

여기서는 구성요건해당성을 중심으로 폭행과 상해를 비교하여 각각의 특징을 살펴보도록 한다.

▎Point 1 ▎ 폭행죄와 상해죄란?

폭행죄는 사람의 신체에 대하여 폭행을 가함으로써 성립하는 범죄이고, 상해죄는 고의로 사람의 신체를 상해함으로서 성립하는 범죄이다.

구 형법에서는 상해죄를 폭행죄의 결과적 가중범의 형식으로 규정하였으나 현행형법에서는 폭행죄의 결과적 가중범으로 폭행치상죄를 규정하여 폭행죄와 상해죄를 구별하고 있다.

즉, 폭행죄의 보호법익은 신체의 건재이고 상해죄의 보호법익은 신체의 건강으로 양자는 엄격히 구별이 된다.

▌Point 2▐ 어떠한 것이 해당되는가?
-구성요건해당성

(1) 객관적구성요건

1) 객체

① **폭행죄** : 사람의 신체이다(외국원수·외교사절에 대해서는 외국원수에 대한 폭행죄와 외교사절에 대한 폭행죄가 성립한다).

② **상해죄** : 사람의 신체이다(상해죄는 외국원수에 대한 상해죄나 외교사절에 대한 상해죄가 없다).

2) 행위

① **폭행죄** : 형법상 폭행의 개념중 좁은 의미의 폭행을 말하며 사람의 신체에 대한 유형력의 행사이다. 사람의 신체에 대하여 행해져야 하므로 간접폭행은 해당되지 않으며 반드시 상대방에게 육체적·생리적 고통을 줄 필요는 없으나 심리적 고통 등 성질상 어느 정도의 고통을 줄 수 있는 정도이어야 한다. - 밀치는 행위, 얼굴에 침을 뱉는 행위, 수염이나 모발의 절단, 계속 전화를 걸어 벨을 울리게 하는 경우, 마취약을 사용하는 경우, 폭언의 수차 반복 등

② **상해죄** : 생리적 기능의 훼손을 뜻하며 육체적·정신적 병적상태의 야기와 증가를 의미한다. 즉, 건강이 침해되는 것으로서 신체에 상처가 나거나(찰과상, 처녀막파열 등), 신체일부가 박리되거나(치아탈락, 다량의 머리카락을 뽑는 행위 등), 질병에 감염되거나(성병감염 등), 신체기능의 장애를 초래하는 등(수면장애, 식욕감퇴, 일시적이 아닌 기절 등)이 상해에 속한다.

(2) 주관적 구성요건

폭행죄와 상해죄 모두 폭행과 상해의 고의가 각각 있어야 함은 물론이다.

원하지 않던 결과가 각각 폭행과 상해의 결과로 초래된 경우에는 다음과 같다.

① 폭행의 고의로 상해의 결과를 초래한 경우 : 폭행치상죄
② 폭행의 고의로 살해의 결과를 초래한 경우 : 폭행치사죄
③ 상해의 고의로 폭행의 결과를 초래한 경우 : 상해미수죄
④ 상해의 고의로 살해의 결과를 초래한 경우 : 상해치사죄

▌Point 3 ▌ 위법성 · 책임

→ Point 4로 넘어갑니다.

▌Point 4 ▌ 처벌

(1) 폭행죄의 처벌

1) 형법상의 처벌

2년 이하의 징역, 500만원 이하의 벌금, 구류 또는 과료에 처한다.
다만, 폭행죄는 반의사불벌죄로서 피해자가 처벌을 원치 않을 경우 처벌되지 않는다. 이는 폭행죄에 대해서만이고 폭행치상죄나 폭행치사죄에는 적용되지 않는다.

2) 특정범죄가중처벌등에관한법률상의처벌

자기 또는 타인의 형사사건의 수사 또는 재판과 관련하여 고소 · 고발 등 수사단서의 제공, 진술, 증언 또는 자료제출에 대한 보복의 목적으로 폭행죄를 범한 때에는 1년 이상의 유기징역에 처한다.
또한 고소 · 고발 등 수사단서의 제공, 진술, 증언 또는 자료제출을 하지 못하게 하거나 고소 · 고발을 취소하게 하거나 허위의 진술 · 증언 · 자료제출을 하게 할 목적으로 폭행을 가한때에도 1년이상의 유기징역에 처한다(동법 제5조의 9 제2항).

3) 폭력행위등처벌에관한법률상의처벌

① 동법 제2조 : 2인 이상이 공동하여 폭행죄를 범한 때에는 각 형법 본조에 정한 형의 1/2까지 가중한다.

② 동법 제3조 :

- 단체 또는 다중의 위력을 보이거나 위험한 물건을 휴대하여 폭행 죄로 2회 이상 징역형을 받은 사람이 다시 특수폭행죄(단순폭행의 죄를 범한 경우에 한정함)를 범하여 누범으로 처벌할 경우에는 1년 이상 12년 이하의 징역에 처한다(제3조 제4항 제1호).
- 단체 또는 다중의 위력을 보이거나 위험한 물건을 휴대하여 폭행 죄로 2회 이상 징역형을 받은 사람이 다시 특수폭행죄(존속폭행의 죄를 범한 경우에 한정함)를 범하여 누범으로 처벌할 경우에는 2년 이상 20년 이하의 징역에 처한다(제3조 제4항 제2호).

(2) 상해죄의 처벌

1) 형법상의 처벌

7년이하의 징역, 10년 이하의 자격정지 또는 1천만원 이하의 벌금에 처한다.

2) 특정범죄가중처벌등에관한법률상의처벌

자기 또는 타인의 형사사건의 수사 또는 재판과 관련하여 고소·고발 등 수사단서의 제공, 진술, 증언 또는 자료제출에 대한 보복의 목적 으로 상해죄를 범한 때에는 1년 이상의 유기징역에 처한다.

또한 고소·고발 등 수사단서의 제공, 진술, 증언 또는 자료제출을 하지 못하게 하거나 고소·고발을 취소하게 하거나 허위의 진술·증 언·자료제출을 하게 할 목적으로 폭행을 가한 때에도 1년 이상의 유 기징역에 처한다(동법 제5조의 9 제2항).

위의 목적으로 폭행을 가하여 사람을 치사케 한 때에는 무기 또는 3 년 이상의 징역에 처한다(동법 제5조의 9 제3항).

3) 폭력행위등처벌에관한법률상의 처벌

① 동법 제2조 : 2인이상이 공동하여 폭행죄를 범한 때에는 각 형법본조에 정한 형의1/2까지 가중한다.

② 동법 제3조 : 단체 또는 다중의 위력을 보이거나 위험한 물건을 휴대하여 특수상해죄로 2회 이상 징역형을 받은 사람이 다시 특수상해죄를 범하여 누범으로 처벌할 경우에는 3년 이상 25년 이하의 징역에 처한다.

▌Point 5 ▌ 형법상의 폭행의 죄 · 상해의죄

(1) 폭행의 죄

1) 존속폭행죄

자기 또는 배우자의 직계존속의 신체에 대하여 폭행을 함으로써 성립하는 범죄이다. 신분관계로 인해 책임이 가중되어 가중처벌 받는다(5년 이하의 징역 또는 700만원 이하의 벌금. 10년 이하의 자격정지를 병과할 수 있다). 다만, 본죄도 반의사불벌죄로서 피해자가 처벌을 원치 않는 경우 처벌할 수 없다.

2) 특수폭행죄

단체 또는 다중의 위력을 보이거나 위험한 물건을 휴대하여 사람의 신체에 대하여 폭행을 함으로써 성립하는 범죄이다.

단체 또는 다중의 위력을 보이는 것이므로 단체나 다중이 반드시 폭행현장에 집합해 있어야 하는 것은 아니나 그 단체 또는 다중이 실제로 존재하고 있어야 한다.

위험한 물건인지의 여부는 구체적인 경우에 따라 물건의 성질과 사용방법을 종합하여 사회통념에 따라 결정되어 진다(장난감 권총 등은 위험한 물건에 해당되지 않는다).

본 죄를 범한 경우에는 5년 이하의 징역 또는 1천만원 이하의 벌금에 처하고 10년 이하의 자격정지를 병과할 수 있다.

그러나 위에서 살펴본 바와 같이 폭력행위등처벌에관한법률 제3조에 처벌규정이 있으므로 특별법우선의 원칙에 따라 본 죄를 범한 경우 형법상의 처벌을 받는 것이 아니라 폭력행위등처벌에관한법률에 의해 가중처벌받는다.

(2) 상해의죄

1) 존속상해죄

자기 또는 배우자의 직계존속의 신체를 상해함으로써 성립하는 범죄이다. 10년 이하의 징역 또는 1천 500만원 이하의 벌금에 처해지고 10년 이하의 자격정지를 병과할 수 있다.

2) 중상해죄

사람의 신체를 상해하여 생명에 대한 위험을 발생시키거나, 불구에 이르게 하거나, 불치나 난치의 질병에 이르게 하는 범죄를 말한다. 상해죄에 비해 중대한 결과를 초래함으로써 비난가능성이 높으므로 가중처벌된다.

1년 이상 10년이하의 징역에 처해지고 10년 이하의 자격정지를 병과할 수 있다.

3) 존속중상해죄

자기 또는 배우자의 직계존속에 대하여 중상해죄를 범함으로써 성립하는 범죄이다.

신분관계로 인해 가중처벌된다. 2년 이상의 유기징역에 처해지고 10년 이하의 자격정지를 병과할 수 있다.

4) 특수상해죄(형258조의 2)

단체 또는 다중의 위력을 보이거나 위험한 물건을 휴대하여 사람의 신체를 상해한 자는 1년 이상 또는 10년 이하의 징역에 처해지고 미수범도 처벌되며, 위와 같은 조건으로 중상해나 존속중상해의 죄를 범한 자는 2년 이상 20년 이하의 징역에 처해진다.

고소장

고소인	성 명	홍○○
	주민등록번호	000000-0000000
	전화	000-0000/010-0000-0000
	주소	○○시 ○○구 ○○동 **
피고소인	성 명	임○○
	주민등록번호	000000-0000000
	전화	000-0000/010-0000-0000
	주소	○○시 ○○구 ○○동 ***

고소취지

위 고소인을 폭행, 상해죄로 고소하오니 철저한 수사를 하여 의법 조치하여 주시기 바랍니다.

고소이유

1. 피고소인은 2 0 0 0. 0. 0. 16:00경, ○○시 ○○구 ○○동 123 온달이라는 주점에서 친구들과 떠들며 술을 마시던 중 옆 좌석에 앉아 술을 마시고 있던 제가 피고소인에게 좀 조용히 하라고 주의를 주자, 이에 격분하여 오른손으로 저에게 뺨을 2회 때려 폭행한 것입니다.

2. 이에 저는 피고소인에게 사과를 요구하였으나 피고소인은 오히려 "맞아도 싸다"고 말하면서 사과를 거부하고 있습니다.

3. 따라서 저는 만부득이 피고소인을 고소하여 의법조치코자 이건 고소에 이른 것입니다.

추후 조사시 제출하겠습니다.

2000. ○○. ○○.

위 고소인 홍○○ 인

서울지방검찰청 귀중

(성북경찰서장 귀하)

해설

1) 폭행죄란 사람의 신체에 대하여 폭행을 가함으로써 성립하는 범죄이다. 폭행죄의 '폭행'은 형법상 '폭행'의 개념 중 좁은 의미의 '폭행'을 의미한다. 즉, 사람의 신체에 대한 유형력의 행사를 말하는 것이다.

2) 폭행의 정도는 반드시 상대방에게 육체적·생리적 고통을 줄 필요는 없으나, 심리적 고통을 비롯하여 성질상 일정한 고통을 줄 수 있는 정도면 충분하다.

3) 유형력이란 광의의 물리력을 말하는 것이다. 구타행위를 비롯하여 손으로 미는 행위, 멱살을 잡는 행위, 돌을 던지는 행위 등의 역학적 작용과 심한 소음이나 폭언의 수차 반복, 마취약을 사용하는 행위 등의 화학적 작용이 있다.

4) 사안의 경우 피고소인은 고소인의 뺨을 2회 때리는 등의 구타행위를 하였으므로 폭행죄로 처벌을 받게 된다.

5) 단, 단순폭행죄는 반의사불벌죄이므로 피해자가 처벌을 원치않을 경우 처벌받지 않는다. 폭행사건에서 합의가 중요한 것은 이 때문이다.

7. 강간죄

▌Point 1 ▌ 강간죄란?

폭행 또는 협박으로 부녀를 강간하는 것이 강간죄이다. 성범죄중 가장 많은 비율을 차지하는 것으로서 고소가 있어야 처벌할 수 있는 친고죄로 규정되어 있다.

▌Point 2 ▌ 어떠한 것이 해당되는가?
– 구성요건해당성

(1) 객관적 구성요건

1) 사람
이전에는 강간죄의 객체가 '부녀'로 한정되어 있었으나, 지난 2016.12.28. 법률 제11574호로 '사람'으로 개정되었다. 따라서 이제는 남자도 강간죄의 객체가 될 수 있음을 유의해야 한다.

2) 폭행 · 협박
폭행 · 협박의 형법상 의미중 가장 좁은 뜻의 폭행 · 협박이 해당한다. 그러나 강도죄의 폭행 · 협박보다 그 정도가 다소 약해도 성립될 수 있다.
즉, 상대방의 반항을 불가능하게 하는 경우뿐만 아니라 현저히 곤란하게 하는 경우도 포함된다는 것이 통설이자 판례의 태도이다.
마취제나 수면제를 사용하는 절대적 폭력도 포함된다.

3) 실행의 착수시기 · 기수시기

간음행위를 시작한 때가 아니라 폭행 · 협박을 개시한 때에 강간죄의
실행의 착수가 인정된다.
또한 남자의 성기가 여자의 성기 속에 들어가기 시작한 때에 강간죄
는 기수가 된다. 남자의 사정은 필요하지 않다.

⑵ 주관적 구성요건

폭행 · 협박으로 부녀를 강간하는 고의가 있어야 한다.

┃ Point 3 ┃ 위법성 · 책임

→ Point 4로 넘어갑니다.

▌Point 4 ▌ 처벌

(1) 형법상의 처벌

3년 이상의 유기징역에 처한다. 또한 그 동안 피해자의 고소가 있어야 공소를 제기할 수 있었던 친고죄로 규정되어 있었으나, 이 또한 삭제되었다. 따라서 이제는 피해자의 고소여부와 관계없이 공소를 제기할 수 있다.

(2) 성폭력범죄의 처벌 등에 관한 특례법의 처벌

흉기나 그 밖의 위험한 물건을 지닌 채 또는 2명 이상이 합동하여 강간죄를 범하면 무기징역 또는 7년 이상의 징역에 처한다(동법 제4조제1항).

▌Point 5▐ 형법상 강간의 죄

(1) 유사강간죄

폭행 또는 협박으로 사람에 대하여 구강, 항문 등 신체(성기는 제외)의 내부에 성기를 넣거나 성기, 항문에 손가락 등 신체(성기는 제외)의 일부 또는 도구를 넣는 행위를 함으로써 성립하는 범죄이다. 2년 이상의 유기징역에 처한다.

(2) 강제추행죄

폭행 또는 협박으로 사람을 추행함으로써 성립하는 범죄이다. 대상은 부녀에 한정되어 있지 않으므로 남자도 그 대상이 된다.

추행이란 그 목적을 불문하고 객관적으로 일반인에게 성적 혐오의 감정을 느끼게 하는 일체의 행위로 이해하는 것이 통설적 견해이다.

10년 이하의 징역 또는 1천500만원 이하의 벌금에 처한다.

흉기나 그 밖의 위험한 물건을 지닌 채 또는 2명 이상이 합동하여 강제추행죄를 범하면 5년 이상의 징역에 처한다(성폭력처벌법 제4조제2항).

(3) 준강간죄 · 준강제추행죄

사람의 심신상실 또는 항거불능의 상태를 이용하여 간음 또는 추행함으로써 성립되는 범죄이다. 강간이나 강제추행죄와 달리 폭행·협박이 필요없는 것으로서 다른 원인에 의해 이미 반항이 억압되어 있는 상태를 이용하는 것이다.

수면제 등을 행위자가 사용하여 간음 또는 강제추행을 하면 강간죄나 강제추행죄가 성립한다.

준강간죄 · 준강제추행죄는 강간죄 · 유사강간죄 · 강제추행죄의 예에 의해서 처벌된다.

(4) 강간등 상해 · 치상죄 · 강간등 살해 · 치사죄

강간죄, 강제추행죄, 준강간죄, 준강제추행죄 및 그 미수범을 범한 자가 사람을 상해하거나 상해에 이르게 하거나 살인 또는 치사케 한 경우 성립되는 범죄이다.

강간이나 강제추행의 기수·미수를 불문하고 상해 또는 사망의 결과가 발생하면 본죄는 기수가 된다.

상해·치상죄는 무기 또는 10년 이상의 징역에 처하고, 살인죄는 사형 또는 무기징역에, 치사죄는 무기 또는 10년 이상의 징역에 처한다.

(5) 미성년자·심신미약자 간음·추행죄

미성년자나 심신미약자에 대하여 위계 또는 위력으로써 간음 또는 추행을 함으로써 성립하는 범죄이다.

심신미약자는 정신기능의 장애로 정상적인 판단능력이 부족한 자를 말하는 것으로서 이에는 성년자도 포함이 된다.

위계는 상대방을 착오에 빠지게 하여 정상적인 판단을 못하게 하는 것이고, 위력이란 사람의 의사를 제압하는 것으로서 강간이나 강제추행의 정도에 이르지 않을 정도의 폭행·협박을 하거나 또는 지위 등을 이용하여 의사를 제압하는 일체의 행위를 이르는 것이다.

5년 이하의 징역에 처해진다.

(6) 업무상위력에 의한 간음죄

업무·고용 기타 관계로 인해 자기의 보호 또는 감호를 받는 부녀에 대해 위계 또는 위력으로써 간음하는 것이다.

상대적으로 약자인 자를 자신의 지위를 이용하여 간음하는 것을 처벌하는 규정이다.

7년 이하의 징역 또는 3,000만원 이하의 벌금에 처해진다.

(7) 피구금자간음죄

법률에 따라 구금된 사람을 감호하는 자가 그 사람을 간음함으로써 성립하는 범죄이다.

검찰이나 경찰공무원 또는 교정직 공무원 등 법에 의해 구금된 사람을 감호하는 자가 주체이며 피구금자의 동의를 얻어 간음한 경우에도 본죄의 성립에는 영향이 없다. 10년 이하의 징역에 처한다.

(8) 혼인빙자간음죄

혼인빙자 간음죄는 지난 2016.12.18. 법률 제11574호로 삭제되었
다. 이 조항은 그 실효성이 미약하고 여성의 성적 주체성을 훼손한다
는 비판과 지적에 따라 삭제된 것이다.

▌Point 6▐ 성폭력범죄의 처벌 등에 관한 특례
법상의 강간 등의 죄

> ▣ 성폭력범죄의 처벌 등에 관한 특례법
> (약칭:성폭력처벌법) [2010.4.15. 제정]
> 구「성폭력범죄의 처벌 및 피해자보호 등에 관한 법률」은 성폭력범
> 죄의 처벌 등에 관한 특례와 성폭력범죄의 피해자 보호 등에 관한
> 사항을 함께 규정하고 있어 각 사항에 대한 효율적 대처에 한계가
> 있으므로 성폭력범죄의 처벌에 관한 사항을 분리하여「성폭력범죄
> 의 처벌 등에 관한 특례법」이 제정되었다. 본법의 제정이유는 최근
> 성폭력범죄가 해마다 지속적으로 증가·흉포화되고 있으며, 다른
> 범죄에 비해 재범가능성이 높고 은밀하게 행해지므로 이를 근본적
> 으로 예방하기 위해서 성범죄자에 대한 처벌 강화와 재범방지 등
> 을 위한 제도의 보완·필요성에 따른 것이다. [제공: 법제처]

> ▣「형법」상 강간과 추행의 죄(형법 제297조 ~ 제306조)에 대해서는
> 반드시「성폭력범죄의 처벌 등에 관한 특례법」의 관련성과 처벌의
> 내용을 연계하여 살펴볼 필요가 있다.

(1) 친족관계에 의한 강간 · 강제추행, 준강간 · 준강제추행죄 (성폭력처벌법 제5조)

① 친족관계인 사람을 강간, 강제추행함으로써 성립되는 범죄이다. 강간한 경우에는 7년 이상의 징역에 처하고, 강제추행한 경우에는 5년 이상의 징역에 처한다.

② 친족관계인 사람에 대하여 준강간한 경우에는 7년 이상의 징역에 처하고, 준강제추행한 경우에는 5년 이상의 징역에 처한다.

③ 친족의 범위는 4촌 이내의 혈족 · 인척과 동거하는 친족으로 하며, 사실상의 관계에 의한 친족도 포함된다.

(2) 장애인에 대한 강간 · 강제추행 등 (성폭력처벌법 제6조)

① 신체적인 또는 정신적인 장애가 있는 사람을 강간함으로써 성립되는 범죄이다. 무기징역 또는 7년 이상의 징역에 처한다.

② 신체적인 또는 정신적인 장애가 있는 사람을 폭행 또는 협박으로 구강, 항문 등 신체(성기는 제외)의 내부에 성기를 넣거나 성기, 항문에 손가락 등 신체(성기는 제외)의 일부 또는 도구를 넣는 유사강간을 하면 5년 이상의 징역에 처한다.

③ 신체적 또는 정신적 장애가 있는 사람에 대해 강제추행을 하면 3년 이상의 징역 또는 3,000만원 이상 5,000만원 이하의 벌금에 처한다.

④ 신체적 또는 정신적 장애로 항거불능 또는 항거곤란 상태에 있음을 이용하여 사람을 간음하면 무기징역 또는 7년 이상의 징역, 유사강간을 하면 5년 이상의 징역, 추행을 하면 3년 이상의 징역 또는 3,000만원 이상 5,000만원 이하의 벌금에 처한다.

⑤ 위계(僞計) 또는 위력(威力)으로 신체적 또는 정신적 장애가 있는 사람을 간음하면 5년 이상의 유기징역에 처한다.

⑥ 위계 또는 위력으로 신체적 또는 정신적 장애가 있는 사람에 대해 강제추행을 하면 1년 이상의 징역 또는 1,000만원 이상 3,000만원 이하의 벌금에 처한다.

⑦ 장애인의 보호, 교육 등을 목적으로 하는 시설의 장 또는 종사자

가 보호, 감독의 대상인 장애인에 대하여 강간, 유사강간, 강제추행, 준강간·준강제추행, 위력에 의한간음·추행의 죄를 범한 경우에는 그 죄에 정한 형의 2분의 1까지 가중한다.

(3) 13세 미만의 미성년자에 대한 강간·강제추행 등 (성폭력처벌법 제7조)

① 13세 미만의 사람을 강간(준강간, 준강제추행, 위력에 의한 간음·추행 포함)함으로써 성립되는 범죄이다. 무기징역 또는 10년 이상의 징역에 처한다.

② 13세 미만의 사람을 폭행 또는 협박으로 구강, 항문 등 신체(성기는 제외)의 내부에 성기를 넣거나 성기, 항문에 손가락 등 신체(성기는 제외)의 일부 또는 도구를 넣는 유사강간(준강간, 준강제추행, 위력에 의한 간음·추행 포함)을 하면 7년 이상의 징역에 처한다.

③ 13세 미만의 사람에 대해 강제추행(준강간, 준강제추행, 위력에 의한 간음·추행 포함)을 하면 5년 이상의 징역에 처한다.

(4) 업무상 위력 등에 의한 추행죄

업무, 고용이나 그 밖의 관계로 인하여 자기의 보호, 감독을 받는 사람에 대하여 위계 또는 위력으로 추행하는 것이다. 3년 이하의 징역 또는 1,500만원 이하의 벌금에 처한다(성폭력처벌법 제10조제1항).

(5) 피구금자추행죄

법률에 따라 구금된 사람을 감호하는 자가 그 사람을 추행함으로써 성립하는 범죄이다. 5년 이하의 징역 또는 2,000만원 이하의 벌금에 처한다(성폭력처벌법 제10조제2항).

(6) 공중밀집장소추행죄

대중교통수단, 공연·집회 장소, 그 밖에 공중(公衆)이 밀집하는 장소에서 사람을 추행함으로써 성립되는 범죄이다. 3년 이하의 징역 또는 3,000만원 이하의 벌금에 처한다(성폭력처벌법 제11조).

(7) 성적목적다중이용장소 침입죄(구 성적목적공공장소침입죄)

자기의 성적 욕망을 만족시킬 목적으로 화장실, 목욕장·목욕실 또는 발한실(發汗室), 모유수유시설, 탈의실 등 불특정 다수가 이용하는 다중이용장소에 침입하거나 같은 장소에서 퇴거의 요구를 받고 불응하여 성립하는 범죄이다. 1년 이하의 징역 또는 1,000만원 이하의 벌금에 처한다(성폭력처벌법 제12조). 공용탈의실, 공용화장실헬스장에서 빈번히 발생되는 범죄유형이다.

(8) 통신매체이용음란행위죄

자기 또는 다른 사람의 성적 욕망을 유발하거나 만족시킬 목적으로 전화, 우편, 컴퓨터, 그 밖의 통신매체를 통하여 성적 수치심이나 혐오감을 일으키는 말, 음향, 글, 그림, 영상 또는 물건을 상대방에게 도달하게 함으로써 성립되는 범죄이다. 2년 이하의 징역 또는 2,000만원 이하의 벌금에 처한다(성폭력처벌법 제13조).

(9) 카메라 등 이용촬영죄

① 카메라나 그 밖에 이와 유사한 기능을 갖춘 기계장치를 이용하여 성적 욕망 또는 수치심을 유발할 수 있는 사람의 신체를 촬영대상자의 의사에 반하여 촬영한 경우에 성립되는 범죄이다. 7년 이하의 징역 또는 5,000만원 이하의 벌금에 처한다. 상습으로 동죄를 범한 때에는 그 죄에 정한 형의 2분의 1까지 가중된다(성폭력처벌법 제14조제1항, 제5항).

② 촬영물 또는 복제물을 소지·구입·저장 또는 시청한 자는 3년 이하의 징역 또는 3,000만원 이하의 벌금에 처한다(성폭력처벌법 제14조제4항).

(10) 불법촬영물 반포 등 죄

① 카메라 등을 이용한 불법 촬영물 또는 복제물을 반포·판매·임대·제공 또는 공공연하게 전시·상영[촬영 당시에는 촬영대상자의 의사에 반하지 아니한 경우(자신의 신체를 직접 촬영한 경우를 포함)

에도 사후에 그 촬영물 또는 복제물을 촬영대상자의 의사에 반하여 반포 등 포함]하는 경우에 성립되는 범죄이다. 7년 이하의 징역 또는 5,000만원 이하의 벌금에 처한다. 상습으로 동죄를 범한 때에는 그 죄에 정한 형의 2분의 1까지 가중된다(성폭력처벌법 제14조제2항,제5항).

② 촬영물 또는 복제물을 소지 · 구입 · 저장 또는 시청한 자는 3년 이하의 징역 또는 3,000만원 이하의 벌금에 처한다(성폭력처벌법 제14조제4항).

(11) 영리목적 불법촬영물의 정보통신망 이용 · 반포 등 죄

영리를 목적으로 촬영대상자의 의사에 반하여 정보통신망을 이용하여 불법촬영물을 반포한 경우에 성립되는 범죄이다. 3년 이상의 유기징역에 처한다. 상습으로 동죄를 범한 때에는 그 죄에 정한 형의 2분의 1까지 가중된다(성폭력처벌법 제14조제3항, 제5항).

(12) 허위영상물 등의 반포등죄

반포 등을 할 목적으로 사람의 얼굴 · 신체 또는 음성을 대상으로 한 영상물 등을 영상물 등의 대상자의 의사에 반하여 성적 욕망 또는 수치심을 유발할 수 있는 형태로 편집 · 반포 등[편집 등을 할 당시에는 영상물 등의 대상자의 의사에 반하지 아니한 경우에도 사후에 그 편집물 등 또는 복제물을 영상물 등의 대상자의 의사에 반하여 반포 등 포함]하는 경우에 성립되는 범죄이다. 5년 이하의 징역 또는 5,000만원 이하의 벌금에 처한다. 상습으로 동죄를 범한 때에는 그 죄에 정한 형의 2분의 1까지 가중된다(성폭력처벌법 제14조의2 제1항, 제2항, 제4항).

(13) 영리목적 허위영상물의 정보통신망 이용 · 반포 등 죄

영리를 목적으로 영상물 등의 대상자의 의사에 반하여 정보통신망을 이용하여 허위영상물을 반포한 경우에 성립되는 범죄이다. 7년 이하의 징역에 처한다. 상습으로 동죄를 범한 때에는 그 죄에 정한 형의

2분의 1까지 가중된다(성폭력처벌법 제14조의2 제3항, 제4항).

(14) 촬영물 등을 이용한 협박·강요죄

성적 욕망 또는 수치심을 유발할 수 있는 촬영물 또는 복제물(복제물의 복제물을 포함)을 이용하여 사람을 협박하는 경우에 성립되는 범죄이다. 1년 이상의 유기징역에 처한다. 상습으로 동죄를 범한 때에는 그 죄에 정한 형의 2분의 1까지 가중된다(성폭력처벌법 제14조의3 제1항, 제3항).

(15) 촬영물 등을 이용한 권리행사방해죄

성적 욕망 또는 수치심을 유발할 수 있는 촬영물 또는 복제물(복제물의 복제물을 포함)을 이용하여 사람을 협박하여 사람의 권리행사를 방해하거나 의무 없는 일을 하게 하는 경우에 성립되는 범죄이다. 3년이상의 유기징역에 처한다. 상습으로 동죄를 범한 때에는 그 죄에 정한 형의 2분의 1까지 가중된다(성폭력처벌법 제14조의3 제2항, 제3항).

| Point 7 | 아동·청소년의 성보호에 관한 법률상의 강간 등의 죄

기타 「형법」상의 성범죄 외 성범죄를 특별히 가중하여 처벌하는 관련 특별법으로는 아래와 같은 법률이 있다.

참고_ 기타

▣ 청소년의성보호에관한법률 [2000.2.3. 제정]

◇ 제정이유: 청소년의 성을 사는 행위, 성매매를 조장하는 온갖 형태의 중간매개행위 및 청소년에 대한 성폭력행위를 하는 자들을 강력하게 처벌하고, 성매매와 성폭력행위의 대상이 된 청소년을 보호·구제하는 장치를 마련함으로써 청소년의 인권을 보장하고 건전한 사회구성원으로 복귀할 수 있도록 하는 한편, 청소년을 대상으로 하는 성매매 및 성폭력 행위자의 신상을 공개함으로써 범죄예방효과를 극대화하려는 것이다. [제공: 법제처]

▣ 아동·청소년의 성보호에 관한 법률 [2009.6.9. 전부개정]

◇ 개정이유: 제명을 「청소년의 성보호에 관한 법률」에서 「아동·청소년의 성보호에 관한 법률」로 개정하여 아동도 이 법에 따른 보호대상임을 명확히 하고, 아동·청소년을 대상으로 한 유사 성교 행위 및 성매수 유인행위 처벌 규정을 신설하며, 성범죄 피해자 및 보호자에 대한 합의 강요행위를 처벌하는 규정을 신설하도록 하여 아동·청소년의 성보호를 더욱 강화하는 한편, 아동·청소년 성범죄자는 재범가능성 및 범죄의 경중 등을 고려하여 정보통신망을 통하여 신상정보를 공개하도록 함으로써 아동·청소년 성범죄에 대한 경각심을 제고하고, 양벌규정을 보완하며, 의무의 실효성 확보를 위한 과태료를 신설하는 등 제도 전반의 미비점을 개선하고 보완하려는 것이다. [제공: 법제처]

▣ 「형법」상 강간과 추행의 죄(형법 제297조 ~ 제306조)에 대해서는 반드시 「아동·청소년의 성보호에 관한 법률」과의 관련성 및 처벌의 내용도 연계하여 살펴볼 필요가 있다.

고소장

고소인   성 명   홍○○
                주민등록번호   000000-0000000
                전화   000-0000/010-0000-0000
                주소   ○○시 ○○구 ○○동 **

피고소인   성명   정○○
                주민등록번호   000000-0000000
                전화   000-0000/010-0000-0000
                주소   ○○시 ○○구 ○○동 ***

고소취지

위 피고소인을 강간죄로 고소하오니 철저한 수사를 하여 의법조치
하여 주시기 바랍니다.

고소이유

피고소인은 2000.0.0. 서울형사지방법원에서 강간치상죄로
서울가정법원에 송치되어 보호처분을 받은 사실이 있는 자인 바,
2000.0.0. 23:30경 ○○시 ○○구 ○○동 산 앞길에서 그곳
을 지나가던 피해자인 저를 발견하고 술이 약간 취한 기분에 갑자
기 욕정을 일으켜 근처에 있던 주먹만한 돌을 들고 따라와 "말을
듣지 않으면 죽여버리겠다"고 위협하여 부근 숲속으로 끌고 가 주
먹으로 저의 안면을 수회 때려 쓰러뜨리고 돌로 내려칠 듯이 위협
하여 항거 불능케 한 후 저의 바지 및 팬티를 벗기고 배위에 올라
타서 성교함으로써 저를 강간한 것입니다.

추후 제출하겠습니다.

2000. 00. 00.

위 고소인 홍○○ 인

서울지방검찰청 귀중

(양천경찰서장 귀하)

해설

1) 강간죄란 폭행 또는 협박으로 사람을 강간함으로써 성립하는 범죄이다.

2) 강간죄의 폭행·협박은 형법상 '폭행·협박'의 개념 중 가장 좁은 의미의 '폭행·협박'이나 강도죄의 그것보다는 다소 그 정도가 약해도 관계는 없다.

3) 강간의 수단으로 폭행·협박을 한 경우 별도의 폭행죄나 협박죄는 성립하지 않고 강간죄 1죄만 성립한다.

4) 사안의 경우 피고소인은 고소인을 부근 숲속으로 끌고 가 주먹으로 고소인의 안면을 수회 때려 쓰러뜨리고 돌로 내려치는 듯이 위협을 가하는 등 고소인의 항거를 불능케 하는 폭행과 협박을 가하여 간음하였음으로 강간죄가 성립한다.

5) 사안에서 돌로 협박을 가하였으므로 '흉기 기타 위험한 물건'으로 평가 될 수 있으므로 성폭력범죄의처벌및피해자보호등에관한법률에 의하여 가중처벌 받는다.

고소장

고소인	성 명	홍○○
	주민등록번호	000000-0000000
	전 화	000-0000/010-0000-0000
	주 소	○○시 ○○구 ○○동 **
피고소인	성 명	정○○
	주민등록번호	000000-0000000
	전 화	000-0000/010-0000-0000
	주 소	○○시 ○○구 ○○동 ***

고소취지

위 피고소인을 강간죄로 고소하오니 철저한 수사를 하여 의법조치
하여 주시기 바랍니다.

고소이유

1. 피고소인은 평소 저를 따라다니던 남자입니다.
2. 피고소인은 지난 6월 11일 ○○나이트클럽에서 우연히 저를 발
   견하고 자리를 합석하자고 하여 싫다고 하였더니 계속 귀찮게
   구는 바람에 그 술집을 나왔습니다.
3. 밖에까지 따라나온 피고소인은 계속 술한잔하자고 졸랐고 마지
   못해 한잔만 하자고 하고 근처 맥주집에 들어갔습니다.
4. 잠시 화장실을 다녀오고 나서 컵에 있는 맥주를 마시고 저는 그
   만 정신을 잃고 말았습니다.
5. 다음 날 깨어보니 제 하의는 벗겨진 채였고 피고소인은 옆에서

알몸으로 자고 있었습니다.

6. 나중에 알고보니 제가 화장실에 간 사이 맥주에 수면제를 타서 제가 정신을 잃기를 기다렸다가 간음한 것입니다.

7. 이에 본 고소에 이르게 된 것입니다.

입증방법

추후 제출하겠습니다.

2000. 00. 00.
위 고소인 홍 ○ ○ 인

서울지방검찰청 귀중
(강남경찰서장 귀하)

해설

1) 강간죄의 폭행 · 협박은 상대방의 반항을 불가능하게 하는 경우뿐만 아니라 현저히 곤란하게 하는 경우도 포함된다고 보는 견해가 통설이자 관례이다.

2) 또한 마취제나 수면제의 사용과 같은 절대적 폭력도 포함됨은 물론이다.

3) 사안의 경우 피고소인은 고소인이 화장실을 간 사이 맥주에 수면제를 타서 그 맥주를 마신 고소인이 정신을 잃은 사이 간음을 한 것으로서 수면제의 사용은 형법상 '폭행'으로 판단되므로 강간죄가 성립한다.

고소장

고소인   성 명   홍○○
                 주민등록번호   000000-0000000
                 전 화   000-0000/010-0000-0000
                 주 소   ○○시 ○○구 ○○동 **

피고소인   성 명   정○○
                 주민등록번호   000000-0000000
                 전 화   000-0000/010-0000-0000
                 주 소   ○○시 ○○구 ○○동 50

고소취지

위 피고소인을 강간죄로 고소하오니 철저한 수사를하여 의법조치
하여 주시기 바랍니다.

고소이유

1. 피고소인은 제가 다니고 있는 직장의 부장으로 있는 자입니다.
2. 피고소인은 지난 6월 21일 저녁 직원 회식이 끝난 자리에서 저
   에게 업무상 할 이야기가 있다며 조용한 곳으로 가서 술 한잔
   더하자고 하였습니다.
3. 함께 근처 맥주집으로 가서 으슥한 자리를 잡은 피고소인은 술
   을 계속 권하고 본인 자신도 마시며 평소 내게 좋은 감정을 갖
   고 있다고 이야기 하며 제 옆자리로 옮겨 앉았습니다.
4. 이에 거부감을 느낀 저는 자리에서 일어나려 하였으나 피고소
   인이 잡는 바람에 일어날 수 없었습니다.

5. 새벽 2시경 너무 늦었으니 집에 가야겠다며 일어나는데 자신이 데려다주겠다고 하여 같이 택시를 타고 집으로 갔습니다.

6. 집으로 가는 택시에서도 계속 치마속으로 손을 집어넣고 제 팬티 안으로 손을 집어 넣으려 하길래 계속 거부하며 갔습니다.

7. 집앞에 도착해서 집으로 뛰어가는데 따라오더니 제 머리채를 잡고 근처골목으로 끌고가 머리와 얼굴을 구타하면서 제 팬티를 벗기고 1회 간음하였습니다.

8. 이에 본 고소에 이르게 된 것입니다.

입증방법

추후에 제출하겠습니다.

2000. 00. 00.
위 고소인 홍○○ 인

서울지방검찰청 귀중
(강남경찰서장 귀하)

해설

1) 강제추행을 하고 강간을 하는 경우에 강제추행죄가 별도로 성립하는 것은 아니고 강간죄의 불가벌적 수반행위가 된다.

2) 사안에서 피고소인은 고소인과 함께 타고 가는 택시 안에서 고소인의 치마속으로 손을 집어넣고 팬티안을 더듬는 등의 추행행위를 하고, 그 후 택시에서 하차하여 고소인을 근처 골목으로 끌고가 머리와 얼굴을 수회 구타하여 고소인의 반항을 현저히 곤란하게 한 후 간음하였으므로 강간죄가 성립한다. 택시안에서의 추행행위는 강간죄의 불가벌적 수반행위가 된다.

고소장

고소인	성 명	홍○○
	주민등록번호	000000-0000000
	전 화	000-0000/010-0000-0000
	주 소	○○시 ○○구 ○○동 **
피고소인	성 명	정○○
	주민등록번호	000000-0000000
	전 화	000-0000/010-0000-0000
	주 소	○○시 ○○구 ○○동 ***

고소취지

위 피고소인을 유사강간죄로 고소하오니 철저한 수사를 통해 엄벌에 처해주시기 바랍니다.

고소이유

1. 고소인과 피고소인은 인터넷 등산 동호회 모임 ○○○에서 지난 2013.1.에 처음 알게 된 사이입니다.
2. 그러던 중 지난 2014.6월 20일 일행들과 북한산에 등반한 뒤 정릉으로 내려와 가벼운 식사와 함께 막걸리를 마시는 등 뒷풀이를 하고 2차로 맥주집에서 맥주를 마신 뒤, 고소인은 취기가 올라 집으로 돌아갈 목적으로 자리에서 일어섰으나 피고소인이 데려다 준다면서 고소인을 따라 왔습니다.

3. 그 후 노래방에 가서 술좀 깨고 가자고 하였고, 같이 노래방에 들어간 뒤 맥주 몇 병을 더 시키고 몇 잔을 마신 상태로 피고소 인이 갑자기 고소인의 하의를 강제로 벗기려 하였습니다. 고소 인은 극렬히 저항하였으나 피고소인은 테이블에 있는 맥주병으 로 협박을 하였고 이내 고소인의 하의를 모두 벗긴 뒤 맥주병으 로 고소인을 강간하기에 이르렀습니다.

4. 이에 피고소인을 고소하오니 엄벌에 처해주시기 바랍니다.

입증방법

추후 제출하겠습니다.

2000. 00. 00.

위 고소인 홍○○ 인

서울지방검찰청 귀중

(양천경찰서장 귀하)

1) 유사강간죄는 지난 2012.12.18. 형법 개정으로 새롭게 신설된 조항이다.

2) 이러한 유사강간죄는 폭행 또는 협박으로 사람에 대하여 구강, 항문 등 신체의 내부에 성기를 넣거나 성기, 항문에 손가락 등 신체의 일부 또는 도구를 넣는 행위를 함으로써 성립하는 범죄이다.

3) 주의할 것은 여기서 '신체의 내부에 성기를 넣는 행위'에서의 '신체의 내부'는 성기를 제외한 것을 말하며, '성기, 항문에 손가락 등 신체의 일부 또는 도구를 넣는 행위'에서'의 '신체의 일부'도 성기를 제외한 것을 말한다.

4) 즉, 성기에 성기를 넣는 것은 강간죄의 행위태양이며, 성기가 아닌 곳에 성기를 넣거나 성기에 성기가 아닌 것을 넣는 행위가 유사강간죄의 행위태양이다.

5) 강제로 구강성교하는 경우가 그 대표적인 예에 속한다.

6) 유사강간죄의 경우 2년 이상의 유기징역에 처한다.

고소장

고소인   성 명   홍○○
             주민등록번호   000000-0000000
             전 화   000-0000/010-0000-0000
             주 소   ○○시 ○○구 ○○동 **

피고소인   성 명   정○○
             주민등록번호   000000-0000000
             전 화   000-0000/010-0000-0000
             주 소   ○○시 ○○구 ○○동 ***

고소취지

위 피고소인을 강제추행죄로 고소하오니 철저한 수사를 하여 의법 조치하여 주시기 바랍니다.

고소이유

피고소인은 2016.5.29. 01:00경, ○○시 ○○구 ○○동 5가 29의 8 앞길에서 그 곳을 지나가던 피해자인 저를 발견하고 술이 약간 취한 기분에 갑자기 욕정을 일으켜 따라와 저의 팔을 잡고 땅에 넘어뜨린 후 주먹을 들이대며 말을 듣지 않으면 때릴 듯이 위협하여 겁에 질려 떨고 있는 저의 젖가슴과 음부를 만지는 등 강제로 추행한 것입니다.

입증방법

추후 제출하겠습니다.

2000. 00. 00.

위 고소인 홍○○ 인

서울지방검찰청 귀중

(양천경찰서장 귀하)

해설

1) 강제추행죄란 폭행·협박으로 사람에 대하여 추행함으로써 성립하는 범죄이다.

2) 강제추행죄의 '폭행·협박'은 다수설은 강간죄와 동일한 정도로 보나 판례는 강간죄보다 완화된 형태의 '폭행·협박'으로 보고 있다.

3) 즉, 판례는 강제추행에 있어서 폭행은 반드시 상대방의 의사를 억압할 정도의 것임을 요하지 않고 다만 상대방의 의사에 반하는 유형력의 행사가 있는 이상 그 힘의 대소강약을 불문한다고 보고 있다(대판 1994.8.23.94도630).

4) 추행이라 함은 그 목적을 불문하고 객관적으로 일반인에게 성적 수치나 혐오의 감정을 들게 하는 일체의 행위를 말한다.

5) 사안의 경우 피고소인은 고소인의 팔을 잡고 넘어뜨리는 등의 폭행과 말을 듣지 않으면 때릴 듯한 협박을 하여 고소인의 반항이 현저히 곤란하게 한 후 고소인의 젖가슴과 음부를 만지는 등의 추행행위를 하였으므로 강제추행죄가 성립한다.

8. 명예훼손죄 및 모욕죄

| Point 1 | 명예훼손죄와 모욕죄란?

명예훼손죄는 공연히 사실 또는 허위의 사실을 적시하여 사람의 명예를 훼손함으로써 성립하는 것이고, 모욕죄는 공연히 사람을 모욕함으로써 성립하는 범죄이다.

명예훼손죄와 모욕죄 모두 외적 명예(개인의 진가 여부와는 관계없이 인격적 가치에 대해서 타인에 의해 일반적으로 주어지는 사회적평가)를 보호법익으로 하지만 사실적시의 유무에 의해 구별이 된다.

| Point 2 | 어떠한 것이 해당되는가?
-구성요건해당성

(1) 객관적 구성요건

1) 명예훼손죄

① **사람의 명예** : 사람의 인격적 가치에 대한 사회일반의 평가 즉, 외적명예를 보호하는 것이다. 사람의 지불능력이나 지불의사와 같은 경제적 가치(신용)는 신용훼손죄의 보호법익이므로 여기서는 제외된다. 또한 명예는 적극적이고 긍정적인 가치이어야 하므로 악명과 같은 부정적 · 소극적 가치는 명예에 해당될 수 없다.

② **명예의 주체** : 태아를 제외한 모든 자연인과 법인은 명예의 주체가

된다. 법인격 없는 단체는 법적으로 승인된 사회적 기능을 담당하고 통일된 의사를 형성할 수 있으면 명예의 주체가 될 수 있다(골프클럽과 같은 사교단체나 범죄단체는 법에 의해 인정되는 사회적 기능을 담당하지 않으므로 명예의 주체가 될 수 없고, 가족이나 마을 등은 통일된 의사에 의해 사회적 활동을 하지 않으므로 명예의 주체가 될 수 없다).

③ **공연성** : 불특정 또는 다수인이 인식할 수 있는 상태를 말한다. 불특정이면 다수·소수를 불문하고, 다수인이면 특정·불특정을 불문하고 결국 특정 소수인만 제외되는 것이다.

④ **전파성이론** : 사실을 적시한 상대방이 특정된 1인인 경우에도 그 자가 불특정 또는 다수인에게 전파할 가능성이 있으면 공연성을 인정하는 견해로서 판례의 태도이다. 이에 의하면 명예훼손죄는 성립범위가 확대되는 경향임을 알 수 있다.

⑤ **사실의 적시** : 현실적으로 발생하고 증명할 수 있는 과거와 현재 상태이다. 공지의 사실도 포함되며 사실은 피해자에 관한 사실이어야 한다(남편의 간통사실을 적시하여도 처에 대한 명예훼손죄는 성립하지 않는다).

⑥ **적시의 구체성** : 특정인의 명예가 침해될 수 있을 정도로 구체적인 적시이어야 하며 추상적 사실이나 가치판단의 경우에는 모욕죄가 성립한다.

2) 모욕죄
① **공연성** : 불특정 또는 다수인이 인식할 수 있는 상태를 말한다.

② **모욕** : 구체적 사실을 적시하지 아니하고 사람의 인격을 경멸하는 추상적 가치판단을 표시하는 것을 말한다(나쁜 놈, 죽일 년 등). 부작위에 의해서도 모욕은 가능하다(경례의무 있는 자가 하지 않았을 경우 등).

(2) 주관적 구성요건

명예훼손죄나 모욕죄 모두 고의가 필요함은 당연하다.

| Point 3 | 위법성 · 책임

명예훼손죄의 경우 특유의 위법성조각사유가 규정되어 있다.
즉, 명예훼손의 행위가 진실한 사실로서 오로지 공공의 이익에 관한
때에는 위법성이 조각된다(형법 제310조).

(1) 진실성

적시된 사실이 진실한 사실이어야 한다. 사실의 중요부분이 진실과
합치되면 충분한 것이지 세부적인 사실까지 완전히 합치되어야 하는
것은 아니다.

(2) 공공성

오로지 공공의 이익을 위해 사실을 적시해야 한다. 즉, 적시된 사실이 국
가 · 사회 또는 일반 다수인의 이익을 위한다는 것이 인정되어야 한다.

(3) 주관적 정당화요소

진실한 사실을 공익을 위애 적시한다는 목적이 있어야 한다.

| Point 4 | 처벌

(1) 명예훼손죄

2년 이하의 징역이나 금고 또는 500만원의 이하의 벌금에 처한다.
허위의 사실을 적시하여 공연히 명예를 훼손한 경우에는 5년 이하의
징역, 10년 이하의 자격정지 또는 1천만원 이하의 벌금에 처해진다.
본죄는 피해자의 명시한 의사에 반하여 공소를 제기할 수 없는 반의

사불벌죄이다.

(2) 모욕죄

1년 이하의 징역이나 금고 또는 200만원 이하의 벌금에 처해진다.
고소가 있어야 공소를 제기할 수 있는 친고죄이다.

▌Point 5 ▌ 형법상 명예훼손의 죄

(1) 사자 명예훼손죄

공연히 허위의 사실을 적시하여 사자의 명예를 훼손함으로써 성립하는
범죄이다. 진실한 사실을 적시한 경우에는 본죄가 성립하지 않는다.
2년 이하의 징역이나 금고 또는 500만원 이하의 벌금에 처한다.
단, 고소가 있어야 공소를 제기할 수 있는 친고죄이다.

(2) 출판물에 의한 명예훼손죄

사람을 비방할 목적으로 신문, 잡지 또는 라디오 기타 출판물에 의하
여 사실 또는 허위사실을 적시하여 사람의 명예를 훼손함으로써 성
립하는 범죄이다. 비방의 목적과 출판물이라는 행위태양으로 불법이
가중된 가중적 구성요건이다.
적어도 인쇄한정도에 이르러야 하므로 프린트물이나 손으로 쓴 경우
는 해당되지 않는다.
출판물은 공연성보다 더 높은 전파가능성을 갖고 있으므로 공연성은
요건이 아니다. 비방의 목적이 있어야 하므로 사람의 인격적 평가를
저하시키려는 의도가 있어야 한다. 비방의 목적이 없으면 출판물에
의하더라도 단순한 명예훼손죄에 해당이 된다.
3년 이하의 징역이나 금고 또는 700만원 이하의 벌금에 처해지며 허위
사실로 출판물에 의해 명예를 훼손한 경우에는 7년 이하의 징역, 10년
이하의 자격정지 또는 1천500만원 이하의 벌금에 처해진다. 피해자의
명시한 의사에 반하여 공소를 제기할 수 없는 반의사불벌죄이다.

고소장

고소인	성 명	김○○
	주민등록번호	000000-0000000
	전 화	000-0000/010-0000-0000
	주 소	○○시 ○○구 ○○동 **
피고소인	성 명	정난○
	주민등록번호	000000-0000000
	전 화	000-0000/010-0000-0000
	주 소	○○시 ○○구 ○○동 **

고소취지

위 피고소인을 모욕죄로 고소하오니 철저한 수사를 하여 의법조치
하여 주시기 바랍니다.

고소이유

1. 피고소인은 지난 7월 20일 제가 경포대로 휴가를 떠나 민박을
   하던방 옆방에 묵던 자입니다.
2. 그날 저녁 밥을 짓기 위해 공동 취사장에서 쌀을 씻고 있는데
   피고소인은 우리 쌀이 없어졌다며 제 쪽으로 와서 소리를 질렀
   습니다.
3. 주위에 여러 사람(6, 7명)도 있고 해서 신경 안쓰고 계속 쌀을
   씻고 있는데 '야! 이 화냥년아, 이 도둑년아 네가 우리 쌀을 가
   지고 밥을 지어먹냐? 이 나쁜 년아! 이 년이 내쌀을 훔쳐갔다'
   라고 소리를 질렀습니다.

4. 이에 본 고소에 이르게 된 것입니다.

입증방법

추후 제출하겠습니다.

2000. 00. 00.

위 고소인 김○○ 인

서울지방검찰청 귀중
(강남경찰서장 귀하)

1) 명예훼손죄란 공연히 사실 또는 허위의 사실을 적시하여 사람의 명예를 훼손함으로 성립하는 범죄이다.

2) 전파성이론에 의하면 사실을 적시한 상대방이 특정된 1인인 경우에도 그 자가 불특정 또는 다수인에게 전파할 가능성이 있으면 공연성을 인정할 수 있다.

3) 사실의 적시란 현실적으로 발생하고 증명할 수 있는 과거와 현재의 상태이다. 장래의 사실도 현재사실에 대한 주장을 포함한 경우에는 사실에 포함된다.

4) 적시란 사람의 사회적 가치 내지 평가를 저하시키는데 충분한 사실을 지적·표시하는 것이다. 이러한 사실의 적시는 특정인의 명예가 침해될 수 있을 정도로 구체적이어야 한다. 추상적 사실이나 가치판단의 표시는 모욕죄에 해당한다.

5) 모욕과 동시에 명예훼손을 한 경우에는 명예훼손죄 1죄만 성립한다.

6) 사안의 경우 피고소인은 고소인에게 모욕을 함과 동시에 쌀을 훔쳐갔다는 허위사실을 불특정 다수인 앞에서 적시하여 명예를 훼손한 것으로 보인다. 그러므로 허위사실유포에 의한 명예훼손죄가 성립한다. 명예훼손과 동시에 한 모욕은 명예훼손죄에 흡수된다.

고소장

고소인	성 명	김○○
	주민등록번호	000000-0000000
	전 화	000-0000/010-0000-0000
	주 소	○○시 ○○구 ○○동 **
피고소인	성 명	정○○
	주민등록번호	000000-0000000
	전 화	000-0000/010-0000-0000
	주 소	○○시 강남구 개포동 50

고소취지

위 피고소인을 명예훼손죄로 고소하오니 철저한 수사를 하여 의법 조치하여 주시기 바랍니다.

고소이유

1. 피고소인은 저와 같은 동네에 사는 자입니다.
2. 피고소인은 지난 7월 17일 동네 골목에서 동네사람 丙 및 저의 시어머니 丁이 있는 자리에서 저에 대해 '시커멓게 생긴 놈하고 매일같이 붙어다니고 일 끝나면 여관에 가서 같이 자고 아침에 들어 온다'고 하여 저의 명예를 훼손하였습니다.
3. 이에 본 고소에 이르게 된 것입니다.

해설

1) 공연성에 관한 전파성이론에 의하면 사실을 적시한 상대방이 특정된 1인인 경우에도 그 자가 불특정 또는 다수인에게 전파할 가능성이 있으면 공연성을 인정할 수 있다. 판례의 태도이다.

2) 명예훼손죄의 사실의 적시는 특정인의 명예가 침해될 수 있을 정도로 구체적이어야 한다.

3) 사안의 경우 피고소인은 동네사람 丙이 있는 앞에서 고소인의 명예를 훼손하였다. 전파성이론에 의할 경우 공연성을 인정할 수 있으므로 피고소인은 명예훼손죄가 성립한다.

4) 적시한 사실이 허위이든 진실이든 명예훼손죄성립에는 영향이 없다.

고소장

고소인	성 명	김○○
	주민등록번호	000000-0000000
	전 화	000-0000/010-0000-0000
	주 소	○○시 ○○구 ○○동 **
피고소인	성 명	정○영
	주민등록번호	000000-0000000
	전 화	000-0000/010-0000-0000
	주 소	○○시 ○○구 ○○동 **

고소취지

위 피고소인을 아래와 같은 이유로 고소하오니 철저한 수사를 하여 의법조치하여 주시기 바랍니다.

고소이유

1. 저는 지난 6월 30일 부친상을 당하였습니다.
2. 피고소인은 평소 저의 부친과 사업관계에 있던 자입니다.
3. 피고소인은 저의 부친상 장례식에 와서 '저 놈은 사망한 것이 아니고 빚 때문에 도망다니며 죽은 척 하는 나쁜 놈'이라고 공공연히 허위사실을 말하고 다녔습니다.
4. 이에 본 고소에 이르게 된 것입니다.

입증방법

추후 제출하겠습니다.

2000. 00. 00.
위 고소인 김○○ 인

서울지방검찰청 귀중
(강남경찰서장 귀하)

해설

1) 공연히 허위의 사실을 적시하여 사자의 명예를 훼손하는 것이 사자의 명예훼손죄이다. 이것은 역사적 가치로서의 사자의 명예를 보호법익으로 하는 것이다.

2) 판례는 '사자명예훼손죄는 사자에 대한 사회적·역사적 평가를 보호법익으로 하는 것이므로 그 구성요건으로서의 사실의 적시는 허위의 사실일 것을 요하는바 피고인이 사망자의 사망사실을 알면서 위 망인은 사망한 것이 아니고 빚 때문에 도망다니며 죽은 척하는 나쁜 놈이라고 함은 공연히 허위의 사실을 적시한 행위로서 사자의 명예를 훼손하였다고 볼 것이다'라고 판단하였다(1983.10.25. 83도1520).

고소장

고소인   성 명   김○○

               주민등록번호   000000-0000000

               전 화   000-0000/010-0000-0000

               주 소   ○○시 ○○구 ○○동 **

피고소인   성 명   정○영

               주민등록번호   000000-0000000

               전 화   000-0000/010-0000-0000

               주 소   ○○시 ○○구 ○○동 **

고소취지

위 피고소인을 형법상 모욕죄로 고소하오니 철저한 수사를 통해 엄벌에 처해주시기 바랍니다.

고소이유

1. 고소인과 피고소인은 인터넷 웹사이트 ○○일보의 독자투고란에서 각자 아이디 ○○○와 ○○ㅍ로 활동해 오고 있었습니다.

2. 그러던 중 지난 2014.10.25. 오후 10시 경 부터 '동성애자 인권'에 관한 토론이 벌어지고 있던 중 피고소인은 고소인에게 인터넷 댓글로 '같은 여자끼리 붙어먹기가 그리 좋더냐?', '너같은 년은 광화문 광장에 발가벗겨 놓아야 한다'는 등의 모욕적인 말을 한 바 있습니다.

3. 이에 고소인은 너무나 놀라운 충격과 수치심에 며칠을 고민하며 극도의 불안과 신경과민을 겪어야 했습니다.

4. 따라서 고소인은 피고소인을 모욕죄로 고소하는 바이오니 법

이 허락하는 한도 내에서의 엄벌에 처해주시기 바랍니다.

입증방법

1. 인터넷 화면 캡쳐 1부

2000. 00. 00.

위 고소인 김○○ 인

서울지방검찰청 귀중

(강남경찰서장 귀하)

해설

1. 형법상 모욕죄는 공연히 사람을 모욕함으로써 성립하는 범죄로서 1년 이하의 징역이나 금고 또는 200만원 이하의 벌금으로 처벌한다.
2. 또한 모욕죄는 피해자의 고소가 있어야 처벌할 수 있는 친고죄로 규정되어 있다.
3. 최근 인터넷 커뮤니티의 발달과 활성화로 인해 인터넷 상에서의 명예훼손이나 모욕죄가 사회문제로 대두되고 있는 상황에서 우리 대법원은 다음과 같이 판단한바 있다.
4. 모욕죄는 사람의 외부적 명예를 저하시킬 만한 추상적 판단을 공연히 표시하는 것으로 족하므로, 표시 당시에 제3자가 이를 인식할 수 있는 상태에 있으면 되고 반드시 제3자가 인식함을 요하지 않으며, 피해자가 그 장소에 있을 것을 요하지도 않고 피해자가 이를 인식하였음을 요하지도 않는다(대판 2004.06.25, 2003도4934).
5. 인터넷 게시판의 속성 자체가 익명성의 보장으로 인한 무책임성과 강력한 전파력을 갖고 있으므로 각별한 주의가 필요하다 하겠다.

제2편

내용증명

1. 내용증명

▌Point 1▐ 내용증명우편의 의의

내용증명우편은 자신이 보내는 서신의 내용을 증명할 필요가 있을 때 이용하는 우체국의 특별한 우편제도이다. 즉, 서신의 내용이 단순한 개인간의 일이 아니라 법률적 또는 관습적으로 서면을 보냈다는 것과 보낸 날짜 등 증명하고자 할 때 간단하게 일반인도 이용할 수 있는 제도인 것이다.

▌Point 2▐ 내용증명우편의 용도

(1) 증거의 보건

내용증명우편은 일정한 법률적인 의사표시가 있었다는 사실을 증명하고자 할 때 이용한다. 즉 계약의 취소·해제 또는 해지를 통지한다든가, 채무이행을 최고하는 경우에 구두나 보통 서신으로 통지를 하였을 때에는, 확실한 증거방법이 없다면 나중에 상대방이 그 통지를 받은 사실을 부인할 수 있을 것이다. 내용증명우편은 그러한 위험성을 사전에 제거하고자 하는 데에 원래 목적이 있는 것이다.

법률의 규정에 확정일자 있는 문서로 통지할 것을 규정한 경우, 예컨 대 채권양도의 통지의 경우에는 내용증명우편을 이용하였을 때에는 이 서면은 제3자에 대한 대항력을 지닌 문서가 된다.

(2) 상대방에게 심리적 압박감 부여

내용증명우편을 받았다고 해서 법률적인 강제력이 발생하는 것은 아니며, 회신을 보낼 의무가 생기는 것도 아니다. 그러나 내용증명우편을 보낼 때에는 분쟁사항에 대하여 상대방의 이행이 없다면 법적인 조치를 취할 것이라는 내용까지 통지하게 되므로, 상대방은 그러한 통지를 받은 것만으로 심리적인 압박감을 가질 수 있다. 이것이 이 제도를 이용하면서 기대할 수 있는 또 하나의 효과이다.

┃Point 3┃ 내용증명우편의 방법

① 내용증명은 3통을 작성하여 1통은 상대방에게 송부하며, 1통은 발송인, 나머지 1통은 발송한 우체국에 장기간 보존한다.

② 상대방에 대한 의사표시는 그것이 상대방에 도달함으로써 효력이 발행한다. 그런데 내용증명 우편으로 의사표시를 하면 어떤 내용의 서신을 발송하였는가에 대하여는 입증이 가능하지만 그 통지가 상대방에게 확실히 도달하였는가, 또 언제 도달하였는가 하는 문제는 확인할 수가 없다.

그러므로 법률상으로 중요한 의미를 가지는 각종 통지행위는 단순히 내용증명우편만으로 할 것이 아니라, 반드시 배달증명으로 발송하여 도착한 날짜까지 확인을 하는 것이 발송인의 입장으로서는 더욱 확실한 효과를 기대할 수 있을 것이다.

▌Point 4 ▌ 내용증명우편의 작성방식

① 내용증명우편은 고소·고발장처럼 일정한 서식을 요구하는 서면은 아니다. 단지 우체국에서 작성한 서면에다가 「내용증명으로 보냅니다」하는 확인만 받으면 어떠한 내용이든지 서식에 상관없이 얼마든지 내용증명우편으로 보낼 수 있다.
단 서면을 작성할 때에는 서면의 내용이 대부분 법률적인 분쟁사항을 다루는 것이므로 명확한 용어를 사용하여 자신의 주장은 확실히 하고, 상대방의 이행이 없을 경우에는 후속조치가 따를 것임을 명확히 하여야 내용증명우편을 받는 상대방에게 경고를 취하는 의의가 있을 것이다.

② 서면이 2장 이상인 경우에는 앞장과 뒷장에 계인을 하여야 하며, 내용중에서 정정이나 첨가사유가 있는 경우에는 다른 서류작성방법과 같이 난외에 그 사유를 적고 날인을 하여야 한다.

③ 수신인이 2인 이상인 때에는 차례로 그들의 주소·성명을 기재하고, 수신인의 수보다 2통을 더 작성하여 내용증명을 받은 다음 각각 다른 봉투에 넣어 배달증명으로 보내면 된다.

2. 생활방해

생활방해란 이웃 토지의 사용을 방해하거나 이웃 거주자의 생황에 고통을 주는 상태를 말한다. 소음, 진동, 악취 등으로 이웃 사람들에게 생활에 지대한 악영향을 끼치는 것을 방지하기 위하여 적절한 조치를 취해야 하는 의무를 생활방해의 금지라고 한다. 우리 민법에서는 토지 통상의 용도에 사용하는 적당한 방법인 때에는 이웃 거주자가 어느 정도는 수인해야 하지만, 그렇지 못한 경우에는 방해배제나 손해배상을 청구할 수 있다고 규정하고 있다.

청구서

본인들은 귀 병원의 부지에 인접하고 있는 ○○빌라에 거주하고 있는 주민들입니다. 귀 병원에서 운영하고 있는 영안실 때문에 저희 빌라에 거주하고 있는 주민들의 생활환경에 극심한 영향을 받고있어 이에 적절한 조치를 취해 줄 것을 요청하는 바입니다.

문제점은 귀 병원의 응급실과 영안실의 입구가 저희 빌라 전면에 위치하고 있어, 수시로 그 공터에서 발인제를 지내거나 사체를 공터로 운구하고 또 응급환자 또는 사체가 들 것에 실려 응급실로 들어가는 장면이 여과없이 보여지고 있습니다. 이러한 장면이 계속 보인다면 아이들의 교육에도 악영향을 미친다 할 것입니다. 그리고 유족들의 곡소리, 문상객들이 내는 소음, 구급차의 경음이 저희 주민들에게 그대로 들리는 실정입니다. 이에 그대로는 생활을 영위해 나감에 큰 지장이 생기므로 귀 병원에서 소음을 막고, 영안실과 응급실의 입구가 바로 보이지 않도록 적절한 조치를 취해 주시기 바랍니다.

2000. 00. 00.

○○시 ○○구 ○○동 ○○빌라 123번지

주민 홍○○ 인

임○○ 인

○○시 ○○구 ○○동 456번지

○○병원 귀중

해설

1) 위 사안의 경우 위 병원과 같은 종합병원은 공익시설로 이를 운영함에 있어 응급실과 영안실의 설치가 필수적이라고 하더라도 위 병원 및 빌라의 현황과 그 위치한 지역의 형태, 토지이용의 선후관계, 피청구인인 위 병원의 운영에 지장을 초래하지 않는 범위 내에서 원고들의 생활방해를 방지하거나 감소시키기 위한 조치를 할 수 있었을 것으로 보이는 점 등 이 사건 확정된 사실의 제반사정에 비추어 볼 때, 병원이 위와 같은 조치를 하지 아니함으로써 발생한 이 사건 생활방해는 원고들에게 사회통념상 요구되는 수인의 한도를 넘은 것이라고 볼 수 있을 것이다.

2) 이 서면에 의하여 적절한 조치가 취하여지지 않고 소송이 진행된다면 청구인 등은 생활방해로 입은 정신적 고통에 대한 위자료까지 청구할 수 있을 것이다.

불편사항 시정청구서

저는 현재 귀하가 오피스텔 공사를 하고 있는 ○○구 ○○동 주민입니다. 공사장이 저의 집으로 가는 골목에 있어서 항상 그 옆을 지나다녀야만 합니다.

그런데 공사장에 공사자재 낙석방지와 공사중 안내판, 그리고 차폐물 등이 설치가 안 되어 있어서 통행과 안정에 불편과 큰 위험을 내포하고 있습니다.

그리고 길가에 내어 쌓아놓은 공사자재 때문에 자동차의 운행에도 큰 불편을 끼치고 있습니다.

전에도 이 불편을 시정하도록 요청하였으나, 지금까지 불편이 해소되지 않은 상태입니다.

이 증명을 받는 즉시 이 불편사항을 시정하여 주시기 바랍니다.

2000. 00. 00.

○○시 ○○구 ○○동 123번지
청구인   인
○○시 ○○구 ○○동 456번지
피청구인   귀하

해설

1) 건설공사를 시행하는 자는 건설현장에서의 안전사고에 대비하여 안전조치를 하여야 할 의무를 부담하고 있다. 근로자와 현장을 통행하는 사람들의 안전을 위해서이다.

2) 위 사안의 경우처럼 공사로 인한 불편이 가중되고 있다면 청구인은 건설업자에 대해서 그 불편을 제거해 달라고 청구할 수 있다.

소음방지시설 설치 청구서

귀하가 현재 ○○구 ○○동 ○○빌라 지하1층에 운영중인 음악 스튜디오의 소음 때문에 진정이 계속되고 있어 이의 시정을 청구하는 바입니다.

처음 귀하가 임대차 계약을 맺을 당시에 소음방지시설을 귀하가 직접 설치한다는 조건하에 계약을 맺은 것으로 이렇게 계속해서 스튜디오의 소음 때문에 주민들로부터 진정이 계속된다면 부득이 계약의 내용 불이행을 이유로 계약을 해지할 수도 있음을 양지하여 주시기 바랍니다.

빠른 시일내에 시정하여 주시기 바랍니다.

2000. ○○. ○○.

○○시 ○○구 ○○동

청구인   인

○○시 ○○구 ○○동

피청구인   귀하

1) 임대차 계약시 임차물의 목적을 특정하고 그것에 따르는 일정시
   설을 임차인이 시설하고, 임대차 계약 종료시에는 그것을 철거하
   도록 한다는 약정을 할 수 있다.

2) 위 사안의 경우에는 임차물을 사용한다면서 주위 사람들에게 생
   활방해를 일으킬 수 있는 여지를 원초부터 봉쇄하기 위한 약정을
   한 것이다. 임차인은 생활방해를 방지할 의무를 부담하고 있다.

가지제거 청구서

저는 귀하에게 이전에도 수차에 걸쳐 귀하의 정원수의 가지가 담을 넘어서 우리 집 정원으로 뻗어 있음으로 인해, 여러 가지 불편이 따른다고 그 시정을 요구한 바 있습니다. 그러나, 귀하는 지금까지도 별다른 조치를 취하지 않고 있습니다.

하루 빨리 가지치기를 하여 저의 집 정원으로 넘어와 있는 가지를 제거해 주시기 바랍니다.

2000. 00. 00.

○○시 ○○구 ○○동
청구인   인

○○시 ○○구 ○○동
피청구인   귀하

해설

1) 위 사안의 경우처럼 인접지의 수목의 가지가 경계를 넘은 때에는 그 소유자에 대하여 가지의 제거를 청구할 수 있다. 그 소유자가 이 청구에 응하지 아니한 때에는 청구자가 직접 그 가지를 제거할 수 있다. 나무 뿌리가 경계를 넘은 때에는 이웃의 거주자는 청구 없이 자신이 직접 그것을 제거할 수 있다(민법 제240조).

2) 그러나 경계를 넘은 가지나 나무뿌리 등으로 아무런 해가 발생하지 않았는데도 불구하고 제거청구를 하거나 임의로 제거하는 것은 권리남용이 될 여지가 많다.

3. 정정보도청구권

현대는 정보의 시대하고 한다. 국민들의 알권리를 충족시켜 주는 역할에서도 언론의 중요성은 두말할 필요가 없다. 그러나 언론이 항상 국민에게 바른 정보를 전달하는 것은 아니다. 때로는 국민들의 알권리란 이유로 개인의 사생활이 세세히 파헤쳐지고, 과장되기도 하며, 잘못된 언론을 발효하기도 한다. 이런 이유로 잘못된 언론으로 인해서 일반적인 인격권이나 사생활의 비밀과 자유를 침해받은 피해자에게, 신속하고도 적절한 방어의 수단이 주어져야 함이 형평의 원리에 부합할 것이다. 반론권으로서의 정정보도청구권은 헌법상 보장된 인격권에 바탕을 둔 것이다.

정정보도 청구서

귀하가 7.10. 신문지상을 통하여 음식점의 서비스 불량을 고발하면서 저의 음식점 사진을 게재하여 우리 음식점이 서비스·위생 불량의 음식점인 것처럼 게재한 것은 명백한 명예훼손의 여지가 있다 할 것입니다. 분명 사진과 기사 내용은 무관하다는 게재가 있기는 하였지만 눈에 잘 띄지도 않을 뿐만 아니라, 관련도 없는 음식점을 정면에서 음식점명까지 식별할 수 있을 정도의 사진을 게재한 것은 이해할 수 없습니다. 이 기사가 실린 후로는 주위에서 비판의 목소리가 높아지는 바람에 손님마저 현저히 줄어들고 있습니다. 음식점으로서는 서비스와 위생이 제일 중요한 점인데 귀하의 기사로 인하여 저희 음식점은 큰 타격을 입고 있습니다.

이 점을 시정하여 하루빨리 신문지상에 올바른 기사를 게재하여 주시기 바랍니다. 이런 조치가 취해지지 않는다면 형사상 명예훼손과 민사상의 손해배상책임까지 묻겠습니다.

빨리 시정하여 주십시오.

2000. ○○. ○○.

○○시 ○○구 ○○동 ○○번지

청구인   인

○○시 ○○구 ○○동 ○○○번지

피청구인   귀하

해설

1) 언론에 보도에 의하여 피해를 받은 피해자에게 정정보도청구권을 인정함으로써 언론기관의 보도에 대하여 즉시 반박을 할 수 있게 하여 실효성 있게 자신의 인격권침해에 대한 방어를 할 수 있게 되었다. 피해자가 본안소송절차에 의하여만 그 권리를 구제받게 된다면 대중이 그 사실을 망각한 다음에야 비로소 구제조치가 가능해질 것이므로 실효를 걸을 수가 없게 되고, 반론은 그것이 너무 늦게 집행된 나머지 현안성을 상실하여 독자나 시청자가 반론의 전제가 된 원래의 보도내용이 무엇인지를 알 수 없는 지경에 이르면 구제의 의미가 없기 때문이다. 일단 정정보도청구권은 사실 여부를 따지는 것이 아니라 보도된 사실에 대하여 자신의 입장을 펴서 반론을 펼 수 있는 권리라 할 것이다.

4. 등기청구권

등기청구권이란 등기권리자나 등기의무자의 일방이 타방에게 등기에 협력하도록 청구하는 권리를 말한다. 등기는 원래 등기권리자와 등기의무자 또는 대리인이 공동으로 등기소에 출석하여 신청하여야 하는데, 일방이 그 등기협력의무를 해태하는 경우 또 다른 일방의 권리가 부당히 침해당하는 결과를 방지하기 위한 권리이다. 잘못된 상속등기가 되었거나 타인의 신축건물의 보존등기를 한 때, 등기의 내용이 잘못된 때에는 회복·말소·정정 등의 등기청구권을 행사할 수 있다.

이전등기 협력청구서

본인은 甲과 아래와 같은 부동산 매매계약을 체결하였는 바 甲은 법정지상권을 가진 건물소유자로서 본인이 건물을 양수하면서 법정지상권까지 양수받기로 약정을 하였습니다.

이것은 제가 채권자대위권의 법리에 따라 전건물소유자 및 대지소유자인 귀하에게 지상권의 설정등기 및 이전등기를 해줄 것을 청구할 수 있다고 보므로 2016년 5월 20일까지 지상권설정등기 및 이전등기에 관한 서류일체를 가지고 A등기소에 나와 등기절차에 협조해 주십시오.

-아 래-

양도가옥 : ○○시 ○○구 ○○동 123번지 소재

대지 : ○○시 ○○구 ○○동 123번지

2000. ○○. ○○.

○○시 ○○구 ○○동 123번지

청구인 홍○○ 인

○○시 ○○구 ○○동 123번지

피청구인 임○○ 귀하

해설

1) 지상권자는 지상권을 언제든지 양도할 수 있고, 존속기간 내에서 그 토지를 임대할 수도 있다. 전 지상권자가 지상물을 매도하면서 매수인에게 지상권의, 양도를 약정하였다면 새로운 건물 소유주인 매수인은 적법하게 지상권을 취득하였는 바, 토지소유주에 대해서 지상권 등기를 청구할 수 있다.

상속등기 말소 이전 청구권

현재 귀하 앞으로 상속 이전된 ○○구 소재의 4층 건물에 대한 상
속등기를 말소하고 저희 복지관 앞으로 등기를 이전해 주시기를
바랍니다.

이 건물은 평소 저희 복지관에 많은 관심을 가지고 계시던 귀하의
아버님으로부터 저희가 증여를 받은 상태였으나, 그 등기가 늦어
져 귀 아버님의 등기로 그대로 남아 있었던 것입니다. 아버님의 증
여계약서도 저희들이 보관하고 있으며, 이에 그 부동산의 소유권
은 저희에게 있다 할 것입니다. 이 증명을 받는 즉시 소유권 이전
등기를 하여 주시기 바랍니다

2000. ○○. ○○.

○○시 ○○구 ○○동 123번지

통지인   인

○○시 ○○구 ○○동 456번지

피통지인   귀하

해설

1) 실체권리관계와 등기부상의 권리가 일치하지 않을 때 정당한 권리자는 자신의 권리를 증명하여 불법으로 등기를 점유하고 있는 상대방에게 등기의 말소, 이전을 청구할 수 있다. 실체권리관계에 부합하도록 등기를 경정하지 않는다면 등기부상의 소유자는 등기부취득시효로 소유권을 취득할 수 있다.

2) 위 사안의 경우는 복지관측과 피상속인 사이의 증여계약은 존재하지만, 그에 따른 등기가 없는 사이 상속인이 상속등기를 해버린 경우이다. 원 권리자는 자신의 소유권에 의하여 물권적반환청구권을 행사할 수 있다.

5. 저당권

채무자 또는 제3자가 채무의 담보로서 제공한 부동산 또는 부동산물권을, 채권자가 그 제공자로부처 인도받지 않고서, 다만 관념상으로만 지배하여, 채무의 변제가 없는 경우에 그 목적물로부터 우선변제를 받는 담보물권을 말한다.

담보권실행 통지

지금 귀하가 살고 계신 제 소유의 ○○빌라가 이번에 경매에 입찰
되었음을 알려드리게 되어 대단히 죄송합니다. 이 경매는 임차권
보다 순위가 앞서는 저당권에 기한 것으로서, 경매에는 입찰되 않
도록 노력하였으나, 사정이 여의치가 않았습니다.
서울지방법원 강북지원에서 오는 2016.8.20. 제1차 입찰이 있을
예정입니다.
다시 한번 심려를 끼쳐드리게 되어 대단히 죄송합니다.

2000. 00. 00.
○○시 ○○구 ○○동 123번지
통지인   인

○○시 ○○구 ○○동 456번지
피통지인   귀하

해설

1) 저당권이 설정되어 있는 경우, 저당권에 의하여 우선변제를 받는 보통의 방법은 민사집행법상의 담보권실행 절차에 의한 경매이며, 저당권자는 저당물의 경매청구권이 있다. 저당권은 등기의 순위에 의하여 다른 담보채권보다 우선하는 효력이 있다.

2) 위 사안의 경우 자신의 임차권보다 우선하는 저당권에 대하여 경매가 이루어질 때에는 임차권자는 경매대금에서 자신의 임차보증금 채권을 만족시킬 수 있다. 이 때의 보호받을 수 있는 임차권은 대항력을 지닌 임차권을 말한다.

6. 근저당

근저당이란 계속적 거래관계에서 생기는 다수의 불특정채권을 장래의 결산기에 있어서 최고액만을 정하고 설정하는 특수한 저당권의 일종이다. 근저당권은 근저당권자와 근저당설정권자와의 사이에 설정계약을 맺고, 근저당임과 채권의 최고액을 명시하여 등기하여야 한다. 근저당의 특정은 아직 채무가 확정되지 않았거나, 현재 존재하지 않는 채무에 대해서도 설정할 수 있다는 점이다. 예컨대 은행이 상인과의 사이에 맺는 당좌대월계약·상호계산계약 등이 이것이다.

근저당권설정등기 말소청구서

본인은 귀하에 대한 차용금 채무의 담보로서, 그 소유이던 A부동산에 관하여 2010.9.27.과 2011.12.14. 두 번에 걸쳐 채권최고액 64,000,000원, 근저당권자 귀하로 하는 근저당권 설정등기를 말소하지 않은 채 위 부동산을 다른 사람에게 매도하고 소유권이전등기를 경료하여 주었는데, 다만 매매대금 중 잔금은 귀하 명의의 위 근저당권설정등기가 말소된 후에 지급 받기로 하였습니다.

그 후 제가 귀하에게 피담보액 전부를 변제하려고 하였으나 귀하가 그 수령을 거부하므로 할 수 없이 그 피담보채무액 전부를 변제공탁하였으므로 귀하는 이 공탁금을 빠른 시일 내에 수령하시고 저의 근저당권설정등기를 말소하여 주시기 바랍니다.

2000. 00. 00.

○○시 ○○구 ○○동 123번지

채무자 홍○○　인

○○시 ○○구 ○○동 456번지

채권자 임○○ 귀하

1) 채무자가 채무를 이행하고자 할 때, 채권자의 수령지체로 채무를 이행할 수 없다면 채무자는 채무불이행 책임을 면제받고 채권자는 채권자지체 책임을 지게 된다. 채무자는 자신의 채무액을 공탁함으로써 자신의 채무이행의무를 면제받을 수 있다. 그리고 근저당권설정등기말소청구권을 행사할 수 있는 것이다. 채권자는 이에 대해서 자신이 동시이행의 항변권을 가지고 있다는 이유로 거절할 수 없다. 왜냐하면 자신의 귀책사유로 인한 채권자지체책임을 지고 있기 때문이다.

7. 유치권

유치권이란 타인의 물건 또는 유가증권을 소유한 자가, 그 물건이나 유가증권에 관하며 생긴 채권이 변제기에 있는 경우 그 변제를 받을 때까지 물건이나 유가증권에 대해서 인도를 거절할 수 있는 권리를 말한다. 유치권자는 채권 전부의 만족을 얻을 때까지 유치물 전부에 대하여 유치권을 행사할 수 있다. 채무자는 다른 상당한 담보를 제공함으로써 유치권을 소멸시킬 수 있다. 유치권자는 채무자의 변제가 없으면 유치물을 경매하거나 간이변제충당을 할 수 있다. 유치권은 유치물의 멸실·몰수·수용·혼동 등의 물권일반의 소멸원인으로 인하여 소멸한다.

수리비지급 청구서

현재 제가 경영하고 있는 시계수리점에 귀하가 시계의 수리를 3달 전에 맡기셨는데, 현재까지도 수리비에 대하여 지급이 없어서 이렇게 서신의 띄웁니다.

시계의 수리는 이미 끝마쳤으나, 귀하가 수리비를 지급할 때까지는 시계를 유치할 것이며 끝내 수리비의 지급이 없다면 시계를 처분하여 그 대금에서 저의 수리비를 지급받을 수 밖에 없음을 알려드립니다.

이 증명을 받는 즉시 수리비를 완납하여 주시기 바랍니다.

2000. ㅇㅇ. ㅇㅇ.

ㅇㅇ시 ㅇㅇ구 ㅇㅇ동 123번지

청구인   인

ㅇㅇ시 ㅇㅇ구 창천동 456번지

피청구인   귀하

해설

1) 유치권은 채권자와 채무자의 사이에서 공평의 원칙에 입각하여 물건을 인도함으로써 채권의 지위를 불안정하게 하는 일이 없도록 하기 위해서이다. 위 사안의 경우는 채권자가 시계에 대한 수리비를 지급받지 못해서 유치권을 행사하는 경우이다. 일상생활에서 가장 흔한 유치권의 행사 모습일 것이다. 채권자는 채무자에게 이행을 최고하고, 그에 대하여 이행이 없으면 민사집행절차에 의하여 경매를 하거나, 채무자의 승낙을 받고 감정인의 평가에 의한 금액으로 자신의 변제에 충당하는 간이변제충당을 할 수 있다.

8. 지상권

지상권이란 타인의 토지에 건물 기타 공작물이나 수목을 소유하기 위하여 그 토지를 사용하는 물권의 하나이다. 지상권은 지상권자와 지상권 설정자의 설정계약을 성립하며, 등기를 하여야 한다.

지상권의 존속기간은 지상물의 종류에 따라 그 최단기간의 규정이 다르다. 경매로 인하여 토지와 건물의 소유자가 달라지는 경우 건물 소유자는 당연히 법정지상권을 취득하게 된다. 지상권 존속기간이 만료한 후 지상권 계약이 갱신이 이루어지지 않는다면 지상권자는 지상물의 매수청구권과 유익비상환청구권을 행사할 수 있다.

지상권계약 갱신 청구서

현재 제가 임차하여 사용하고 있는 대지 400여평에 대한 지상권 설정계약을 연장해 주셨으면 합니다. 처음 이 대지를 임차할 때는 가건물인 농작물 보관창고를 설치하려는 것이 목적이었으나, 가건물의 시설이 조잡하여 농작물의 보관에 큰 어려움을 겪는 실정이었습니다. 이에 뜻을 같이하는 사람들이 모여 여기에 전문적인 보관창고를 건축하여 사용하고자 합니다. 종래의 지상권 계약이 2016.9.30로 만기가 된다고 알고 있는데, 여러 사람들의 과수원과 선과 작업실로 이어지는 길목에 이 대지가 자리하고 있어 그 위치상 보관창고의 입지로 가장 좋은 것으로 판단되고 있어 이렇게 부탁을 드리는 바입니다. 긍정적인 대답 기다리겠습니다.

2000. 00. 00.

청구인   인

피청구인   귀하

해설

1) 위 사안의 경우처럼 지상권의 존속기간의 만료로 인하여 지상권이 소멸하는 경우에는 건물 기타 공작물이나 수목이 현존한 때에는 지상권자는 계약의 갱신을 청구할 수 있다. 토지소유자가 계약의 갱신을 거절한다면 지상권자는 상당한 가액으로 지상물의 매수를 청구할 수 있다. 갱신의 청구권 행사시기는 존속기간만료로 인한 지상권 소멸시이다. 갱신 후의 존속기간도 설정계약 때와 같이 최단기간의 제한을 받으며 갱신한 날로부터 기산하며, 전기보다 장기의 기간을 정할 수도 있다. 이러한 규정은 강행규정이어서 이에 위반하는 계약으로 지상권자에게 불리한 것은 그 효력이 없다.

9.지역권

지역권이라 함은 일정한 목적을 위하여 타인의 토지를 자기 토지의 편익에 이용하는 용익물권이다. 이러한 지역권은 요역지의 이용가치를 증가시키기 위한 것이어야 한다. 지역권 설정의 범위가 승역지의 일부일 때에는 그 범위를 표시하는 도면을 첨부하여 등기하여야 한다. 승역지소유자 기타 이용자는 지역권의 행사를 방해하지 않을 의무와 그 행사를 인용할 의무를 진다. 지역권자는 지역권이 침해당한 때에는 방해배제청구권과 방해예방청구권만을 가지고 있다.

지역권행사 방해 배제청구

저는 귀하의 토지와 인접하여 농지를 소유하고 있는 ○○입니다. 제 농지와 도로의 사이에 귀하의 토지가 끼어 있어 귀하의 토지를 통하지 않고는 도로로 통행할 수 없는 상태입니다. 이에 지금까지는 귀하의 토지가 비어 있어 통행에 아무런 불편이 없었으나 이번에 귀하가 토지에다가 과수원을 조성하면서 제가 통행로로 사용하고 있던 부분에도 과수를 심어버린 상태입니다.

이 상태로는 제 농사에도 막대한 지장이 있는 형편입니다. 이에 귀하의 토지 중 일부분을 저에게 통행로로 제공하여 주신다면 대단히 감사하겠습니다. 물론 그에 대한 지료 또한 지급할 계획입니다. 그게 불가하다면 그 통행로 부분에 대한 매수도 가능하오니 이에 대하여 심사숙고하신 다음 회답을 부탁드립니다. 빠른 회답 부탁드립니다.

2000. 00. 00.

청구인   인

피청구인   귀하

해설

1) 위 사안의 경우 청구인은 피청구인의 토지를 승역지로 사용하여
왔다. 지역권의 법리에 따르면 피청구인은 청구인의 지역권행사
를 방해하지 않을 의무와 그 행사를 인용할 의무를 지고 있다. 그
런데 현재 그 통행로마저 과수원으로 변환시킴으로써 토지의 이
용을 방해하는 경우이다. 청구인은 자신의 지역권이 침해당했음
을 이유로 방해제거를 청구할 수 도 있다. 그러나 이웃이라 정의
관념이 있으므로 통행로를 이용할 수 있는 부분을 임차하거나 매
수하는 방법을 협의해 보는 것도 좋을 것이다.

10. 공동소유

공동소유의 3가지 형태 중 하나로서 물건이 지분에 의하여 수인의 소유로 하는 것을 공유라고 한다. 공유의 지분이란 공유물에 대한 1개의 소유권을 수인이 하나의 물건을 공동소유하면서 분할하는 비율을 말한다. 법률의 규정 또는 당사자의 약정에 의하여 지분은 정해지지만 그러한 약정이나 규정이 없다면 지분은 균등한 것으로 추정된다. 부동산 소유자가 만약 이런 규정과 다른 주장을 하려면 반드시 지분의 등기가 있어야 한다. 공유자가 지분을 포기하거나 상속인이 없이 사망한 때에는 그 지분은 공유자에게 각 지분의 비율로 귀속한다.

공유물분할청구서

현재 귀하와 제가 공유하고 있는 ○○구 ○○동 소재 4층○○빌라
에 대하여 각자의 공유지분대로 분할하는데에 협력하여 주실 것을
청구하는 바입니다.
제 개인 사정으로 인하여 그 지분을 처분하기를 바라오니, 공유물
분할절차에 협력하여 주시기 바랍니다.

2ㅇㅇㅇ. ㅇㅇ. ㅇㅇ.

○○시 ○○구 ○○동 123번지

청구인   인

○○시 ○○구 창천동 456번지

피청구인   귀하

해설

1) 공유물의 분할을 청구하는 것은 공유자의 자유의사에 의한다. 공유물 분할 청구는 형성권에 해당하므로 분할청구가 있게 되면 공유자 전원은 공유물 분할에 협력하여야 한다. 물론 공유물불분할 특약이 있는 경우는 예외이다.

11. 대리

대리란 대리인이 본인의 이름으로 제3자(상대방)에게 의사표시를 하
거나 상대방으로부터 의사표시를 받음으로써 거기에서 생긴 법률효
과를 직접 본인에게 귀속시키는 제도이다.

대리권 소멸 통지서

저는 지난 2010.4.10.부터 ㅇㅇ을 대리인으로 선임하여 제 개인
적인 재산관리를 위탁 처리하여 왔습니다. 그런 이유로 귀하께서
현재 세들고 살고 계신 건물에서도 월세 및 관리비는 ㅇㅇ에게 지
급해온 것으로 알고 있습니다.

그러나 금번에 일신상의 이유로 인하여 그 대리권을 계속하여 유
지시킬 이유가 없어져서 그 대리권 소멸을 통지하오니, 귀하께서
ㅇㅇ에게 지급하시던 건물의 월세 및 관리비를 저에게 직접 지급
하여 주시기 바랍니다.

2000. 00. 00.

ㅇㅇ시 ㅇㅇ구 ㅇㅇ동 123번지

통지인   인

ㅇㅇ시 ㅇㅇ구 ㅇㅇ동 456번지

피통지인   귀하

해설

1) 대리권이 소멸하게 되면 상대방에게 대리권 소멸의 통지를 하는 것이 거래관념상 법률관계를 분명히 할 수 있을 것이다. 통지가 없다면 상대방은 기존의 대리인과 계속해서 거래하여도 표현대리의 법리를 적용하여 보호받을 수 있다. 본인은 자신의 불필요한 위험으로부터 벗어나기 위하여 그 관계를 명확히 하는 것이 바람직할 것이다.

12. 무권대리

무권대리란 실질적인 대리권이 없는데도 불구하고 자신이 본인의 대리인이라고 하여 대리행위를 한 것을 가리킨다. 대리권이 전혀 없는 협의의 무권대리와 대리권의 범위를 벗어난 표현대리의 두 가지가 있다. 표현대리의 경우에는 본인이 어느 정도 무권대리의 창출에 책임이 있으므로 본인에게 그 책임을 물을 수 있으며, 협의의 무권대리는 본인의 추인으로 무권대리행위는 계약시에 소급하여 계약은 유효하게 된다. 상대방은 불안정한 자신의 지위를 벗어나기 위하여 본인에 대하여 최고권과 철회권을 행사할 수 있다.

무권대리행위에 대한 추인여부 최고 통지서

저는 ○○과 영어학습용 교재인 ○○전집과 테이프에 대한 매매계약을 체결하였습니다. 계약 체결 당시에 ○○이 귀하의 대리인이라고 말하면서 귀하의 인감과 주민등록증을 제시하여 계약을 체결하였는 바, 지금에 이르러서야 그가 정당한 대리인이 아니었음을 알게 되었습니다. 그런데 귀하가 현재에도 그에 대하여 아무런 의사표시도 하고 있지 않아서 저희는 이 계약의 성립에 대하여 상당한 불안 상태에 있습니다.

모쪼록 이 편지를 받는 날로부터 4일이내 위 계약을 추인할 것인지, 아니면 계약을 취소할 것인지의 여부를 확답하여 주시면 저희에게도 많은 도움이 되겠습니다.

부디 빠른 회신 부탁드립니다.

2○○○. ○○. ○○.

○○시 종로구 123번지

○○어학사 대표이사

○○시 ○○구 ○○동 456번지

피청구인   귀하

1) 무권대리의 경우 상대방은 불안한 자신의 지위를 확고히 하기 위해서 본인에게 추인을 최고하거나 계약의 철회권을 행사할 수 있다.

13. 불법행위

불법행위란 고의 또는 과실로 인한 위법행위를 말하는데, 타인에게
이러한 불법행위로 손해를 가한 자는 그 손해를 배상할 책임이 있다
고 하는 제도이다(민법 제750조). 불법행위를 한 때에는 형사상 범죄로
처벌을 받는다(형사책임).

불법행위책임이 성립하려면 책임능력 있는 행위자에게 고의 · 과실
이 있어야 하고, 위법성을 띤 가해행위와 손해발생 사이에 상당인과
관계가 있어야 한다. 그러나 정당방위 · 긴급피난 · 사무관리 · 정당한
권리의 행사 · 피해자의 승낙 등은 위법성을 조각하기 때문에 불법행
위 책임이 성립하지 않는다.

손해배상 청구서

저는 지난 8.1에 신촌에 위치한 ○○호프에서 술을 마시다가 귀하와 귀하의 동행인들과의 싸움으로 인하여 그 싸움에 휘말려 이빨이 부러지는 등 전치 8주의 상해를 당하였습니다. 저는 그 장소에 있었을 뿐 귀하를 비롯한 동행들에게 아무런 이유도 없이 맞은 것은 이미 확인된 바입니다.

이에 귀하를 비롯한 동행 3인이 연대하여 저에게 치료비를 비롯하여 손해배상금 및 위자료 오백만원을 지급하여 주시기 바랍니다. 그에 대한 지급이 없을 시에는 형사상 처벌을 구할 수도 있음을 양지하여 주시기 바랍니다.

2000. ○○. ○○.

○○시 ○○구 창천동 123번지

청구인   인

○○시 ○○구 ○○동 456번지

피청구인   귀하

해설

1) 수인의 행위에 의하여 성립하는 불법행위를 공동불법행위라고 한다. 예컨대 위 사안의 경우처럼 수인이 피해자를 구타하였을 때 발생하는 불법행위책임이다. 민법 제760조에서 규정하고 있는데 이 때 공동불법행위자는 연대하여 공동불법행위와 상당인과관계에 있는 모든 손해를 배상하여야 한다. 그러나 특별사정으로 인한 손해에 관하여 공동불법행위자의 한 사람의 예견가능성을 가지고 있지 않은 경우에는 그 부분에 관하여 연대책임은 생기지 않고, 예견가능성이 있는 자만이 배상책임을 진다고 하기도 한다. 피해자는 공동불법행위자 누구에게라도 그 채무의 이행을 청구할 수 있는 권한이 생기고 이행청구를 받은 행위자는 지체없이 이행하여야 하며, 다른 공동불법행위자에게 부담부분에 대한 구상권을 행사할 수 있다.

손해배상금 지급 청구서

저는 ○○구 ○○동에서 귀하의 소유인 주택을 임차하여 살고 있습니다. 전에도 수차례 주택을 둘러싸고 있는 담이 불안하여 수리를 요구한 바 있습니다. 그러나 이 수리가 이루어지기 전에 저번의 태풍으로 인하여 일부분이 유실되었고, 그 옆을 지나가던 통행인이 상해를 입는 사고가 발생하였습니다.

그 상해사고에 대해서는 일차적으로 제 책임이겠으나, 저는 그 담이 유실될 위험이 있다는 것을 표지판을 통해서 표시를 하여 왔습니다. 그리하여 계속해서 수리를 요구했는데도 수리의무를 해태한 귀하에게 일응 책임이 있다 할 것입니다.

그래서 제가 부담한 통행인의 치료비와 손해배상금을 귀하께서 저에게 지급하여 주시기 바랍니다.

2 0 ○ ○ . ○ ○ . ○ ○ .

○○시 ○○구 ○○동 123번지

청구인   인

○○시 ○○구 ○○동 456번지

피청구인   귀하

1) 공작물의 하자로 인하여 손해가 발생한 경우는 일차적으로 그 공작물의 점유자가 책임을 지게 된다. 그러나 임차인 등 직접 점유자가 손해의 방지에 필요한 주의를 해태하지 아니하였음을 입증한 때에는 책임을 면한다. 그러나 소유자에게는 이러한 면책사유가 없다. 따라서 점유자가 면책된 때 또는 점유자와 소유자가 동일인인 때에는 소유자가 책임을 지게 된다.

2) 소유자 또는 점유자로서 책임을 지고 피해자에게 배상을 한 자는, 그 손해의 원인에 대하여 책임있는 자가 따로 있으면, 그 자에게 구상할 수 있다. 예컨대 공작물을 만든 수급인이나 공작물의 종전의 점유자 또는 소유자 등이 손해의 원인이 된 하자를 생기게 한데 과실이 있는 경우에는 이들에 대하여 구상을 할 수 있다.

3) 위 사안의 경우에는 임차인은 배상책임을 면하게 된다. 그러나 소유자에 대신해서 배상을 한 경우인데, 임차인은 그 구상을 할 수 있다.

손해배상금 및 위자료 지급 청구서

저는 지난 8.1. 귀하가 현재 공사중인 건물을 지나가다가 공사자 재에 의해 상해를 입었습니다.

이에 귀하께서는 저의 부상을 살펴보시고 근처 병원에서 치료 받으면 그 치료비 전액 부담하여 주시기로 약정을 하였습니다. 저도 아주 심한 부상은 아니어서 그러자고 약속을 하고 지난 일주일간 치료를 받고 있습니다.

그런데 현재까지 치료비는 커녕 그 후로 얼굴조차 비치치 않았습니다. 이에 저는 귀하의 행동에 심한 배신감을 느끼고 이 증명을 부치는 것입니다. 이 증명을 받는 즉시 그 동안의 치료비와 그 동안의 손해배상금을 저에게 지급하여 주시기 바랍니다. 만일 그 지급이 없을 시에는 부득이 법에 호소를 하여 재판을 받는 것밖에 방법이 없음을 양지하여 주시기 바랍니다.

2000. OO. OO.

OO시 OO구 OO동 123번지

청구인   인

OO시 종로구 남대문로 456번지

피청구인   귀하

해설

1) 위험성이 많은 물건을 관리하고 소유하는 자는 위험의 방지에 충분한 주의를 다하여야 할 것이고, 만일에 위험이 현실화하여 손해가 발생한 경우에는 그 배상책임을 져야 한다. 위험물의 관리자나 소유자에게 무서운 책임을 과함으로써 주의를 환기하고 위험을 방지한다는 정책적인 고려도 반영된 것이다. 위 사안의 경우에는 이미 손해배상에 대하여 쌍방의 합의가 있었으므로 피해자는 가해자에게 자신의 채권을 행사하기만 하면 된다.

교통사고 합의금 지급 청구서

저는 지난 5.10. 귀하가 운전하고 있는 승용차에 치여 전치 6주의 상해를 당하였는데, 이에 저는 치료비와 약간이 손해배상비, 위자료를 받기로 하고, 더 이상 사고에 대해서는 언급을 하지 않기로 하지 않기로 하였던 바, 그러나 합의서를 작성하였으나 그 후 한 달이 지나도록 합의금을 지급하지 않았습니다.

그 동안에도 수차에 걸쳐 합의금을 지급하여 줄 것을 요구하였으나, 계속해서 그 지급기일을 연기만 할 뿐이었습니다.

저도 이제는 더 이상 미루는 것은 무의미하다 할 뿐이라는 생각이 듭니다. 부디 이 증명을 받는 즉시로 합의금과 그 지연이자를 지급하여 주시기 바랍니다.

2000. 00. 00.

ㅇㅇ시 ㅇㅇ구 ㅇㅇ동 123번지

청구인   인

ㅇㅇ시 ㅇㅇ구 창천동 456번지

피청구인   귀하

1) 자동차사고에 관한 손해배상책임에 관하여는 피해자의 보호를 위하여 자동차손해배상보장법이 있다. 동법은 자동차운행자의 배상책임을 강화하고 또 강제적인 책임보험제도를 두어 인적 피해에 대한 일정한도의 배상을 보장한다. 이 법은 사람의 생명 또는 신체의 사상으로 인한 손해배상을 보장한다. 이 법은 사람의 생명 또는 신체의 사상으로 인한 손해에만 적용된다. 즉, 의류 · 자동차 · 상품 · 가옥 등에 입힌 손해에 관한 배상책임의 성부는 민법의 불법행위 일반원칙에 의한다.

2) 위 사안의 경우처럼 합의서를 작성하고도 손해배상금을 지급하지 않고 있는 것은 명백한 채무불이행이 될 것이다. 따라서 빨리 이행에 줄 것을 최고하고 그래도 지급이 없다면 직접 강제절차에 따라 그 만족을 얻을 수도 있을 것이다.

14. 부정경쟁방지

우리나라에서는 상법과 부정경쟁방지및영업비밀보호에관한법률의 규정에서 부정경쟁행위를 국내에 널리 공인된 타인의 성명, 상호, 표장 기타 타인의 영업임을 표시하는 표지와 동일 또는 유사한 것을 사용하여 타인의 영업상의 시설 또는 활동과 혼동을 일으키는 행위를 포함하여 정의함으로써 영업권과 영업상의 이익을 보호하고 있다. 이러한 이익을 불법행위론에서 보호되는 재산상의 이익에 포함하고, 만약 침해가 있거나 침해될 우려가 있다고 인정되면 그 행위의 금지 또는 예방을 청구할 수 있다. 그리고 손해가 발생되면 그 손해의 배상도 청구할 수 있다.

영업소상호변경 청구서

○○구 ○○동 XX번지에서 영업중인 ○○대리점 대현지점의 명칭을 변경하여 주십시오. 저희 회사가 지난 1996년부터 사용중인 ○○회사라는 명칭과 유사하여 귀하가 운영하시는 대리점이 저희 회사의 대리점이라는 의식을 초래하고 있습니다. 이에 소비자들이 귀사에 가지고 있는 불만을 저희 회사로 문의함으로써 저희 회사가 입는 영업상의 손실은 이루 말로 다할 수가 없습니다. 이에 귀하의 대리점의 명칭을 빠른 시일내로 변경하여 주시기 바랍니다. 조치가 취해지지 않을 경우에는 민사상의 불법행위책임을 물어 손해배상을 청구할 수 있음을 양지하여 주시기 바랍니다.

2000. ○○. ○○.

○○시 ○○구 ○○동 123번지

청구인   인

○○시 ○○구 ○○동 456번지

피청구인   귀하

1) 위 사안의 경우 법원은 영업상의 신용을 실추하게 한 자에 대하여
   는 부정경쟁행위로 인하여 자신의 영업상의 이익이 침해된 자의
   청구에 의하여 손해배상에 갈음하거나 손해배상과 함께 영업상의
   신용을 회복하는데 필요한 조치를 명할 수 있다.

2) 특허청장은 부정경쟁행위 금지에 위반된 행위에 확인을 위하여
   관계공무원으로 하여금 조사하게 할 수 있다. 이 사실을 확인하였
   을 때에는 그 위반행위를 한 자에 대하여 30일 내의 기간을 정하
   여 그 행위를 중지하거나 표지를 제거 또는 폐기할 것 등 그 시정
   에 필요한 권고를 할 수 있다.

15. 인 지

인지(認知)라 함은 혼인 외의 자에 대하여 생부 또는 생모가 자기의 자로 인정하는 행위이며, 인지자가 스스로 자신의 자임을 인정하는 임의인지와 피인지자의 재판청구에 의하여 인정하는 강제인지가 있다. 임의인지에서는 인지신고·수리 또는 유언자 사망시에, 강제인지의 경우에는 인지판결의 확정시에 인지의 효력이 생긴다. 인지는 그 자의 출생시에 소급하여 효력이 생긴다. 혼인 외의 출생자는 인지에 의하여 원칙적으로 부가에 입적한다. 그러나 혼인 외의 자에게 배우자나 직계비속이 있는 때에는 부 또 모가(母家)에 입적하지 않고 신호적을 편제한다고 한다.

혼인외의 자에 대한 인지청구서

지금 저의 혼인외의 자로 2016.4.10.로 출생등록이 되어 있는 자 ○○은 귀하의 친자임이 확실합니다. 아이가 혼인외의 자로 가족 관계등록부에 등재되어 있는 것은 장래에 아이가 사회생활을 하는 데도 막대한 지장을 미칠 것입니다. 이에 ○○을 귀하의 친자로 인 지하고, 가족관계등록부에 기재하여 주시기를 바랍니다.

2○○○. ○○. ○○.

○○시 ○○구 ○○동 123번지
청구인   인

○○시 ○○구 ○○동 456번지
피청구인   귀하

1) 위의 경우는 생모가 생부를 향해 자신의 혼인외의 자로 출생등록
   되어 있는 자를 친자로 인지해 줄 것을 청구하는 서면이다. 이런
   경우 생부가 자신의 자가 맞다고 스스로 인지한다면 임의인지가
   되어 바로 가족관계의 등록 등에 관한 법률에 따른 신고만 하면
   된다.

2) 그러나 부가 자신의 친자가 아니라고 부인하게 되면 생모는 법원
   에 인지청구의 소를 제기할 수 있다. 이것이 강제인지이다. 인지
   의 청구를 하게 되면 재판이 있기 전에 당사자는 조정의 단계를
   거치게 된다.

16. 후 견

후견이란 친권자가 없거나, 있더라도 친권자가 대리권 및 재산관리권을 행사하지 못하여서 보호할 자가 없는 미성년자, 성년에 달하였지만 정신병 등으로 한정치산·금치산의 선고를 받은 자 등의 보호·교양을 하며 그 행위를 대리하고 그 재산을 관리하는 제도이다. 지정후견인, 선임후견인, 법정후견인이 있다.

후견인은 피후견인의 법정대리인이 되며, 피후견인의 재산관리권, 법률행위 대리권을 가지고 있는 데 비하여 미성년자의 후견인은 미성년자에 대하여 보호·교양할 권리·의무, 거소지정권, 징계권 등이 있고, 금치산자의 후견인은 일상의 주의로 피후견인을 교양·감호할 의무가 있다.

후견인 변경 통지서

귀하가 하시는 모든 일이 번창하기를 기원합니다.

알려드릴 말씀은 다름이 아니라 미성년자인 ○○의 후견인이 변경되었기에 그것을 알려드리고자 합니다.

본래 후견인이였던 ○○의 큰 숙부가 외국으로 장기 전근을 나가게 됨에 따라 계속해서 후견업무를 처리함은 무리가 된다고 판단됨에 따라 후견인 제 2순위였던 제가 이번에 ○○의 후견인으로 선임되었습니다. 그리하여 피후견인의 양육과 관련한 사항, 그리고 재산의 운용에 관한 사망에 대하여 모든 것을 제가 관장하게 되었습니다.

전 후견인과 협의하였던 사항은 이 서면 도달 즉시부터는 저와 논의하여 주시기 바랍니다.

2000. 00. 00.

○○시 ○○구 ○○동 123번지

청구인   인

○○시 ○○구 ○○동 456번지

피청구인   귀하

1) 후견인의 사망·결격·해임·사퇴 등의 사유가 있어 후견인의 임무가 종료한 경우에는 다음 순위의 후견인이 후견인의 임무를 계속해서 수행하게 된다. 이 경우 위임의 규정이 준용되기 때문에 후견종료의 사유를 상대방에게 통지하거나 상대방이 이를 안 때가 아니면 이로써 후견인의 변경으로 상대방에게 대항하지 못하는 불이익을 당하게 될 것이다.

2) 이러한 일은 피후견인의 이익을 위해서 가장 피해야 할 상황이라 할 것이므로 후견인의 신상에 변동이 생긴 경우에는 이러한 내용증명 서신으로 후견인의 임무 종료사유와 그 후속조치를 발생 즉시 통지하는 것이 가장 확실한 방법이라 할 것이다. 그렇게 함으로써 상대방과의 거래관계 등에서 확실한 보호장치를 마련하는 것이 될 것이다.

17. 매매

매매란 당사자 일방(매도인)이 재산권을 상대방(매수인)에게 이전할 것을 약정하고 상대방이 그 대금을 지급할 것을 약정함으로써 효력이 생기는 계약(제563조)이다. 매매에서는 매도인의 재산권이전의무와 매수인의 대금지급의무가 매매의 효력의 중심을 이룬다.

만약 매매의 목적인 재산권에 하자가 있거나 또는 매매목적물에 하자가 있는 경우에 매도인은 일정한 하자담보의무를 부담한다. 이 책임은 매매 이외의 유상계약에도 준용되는 중요한 계약책임으로서, 채무불이행책임과 더불어 계약책임의 두 개의 중요한 책임체계를 구성한다.

매매의 청약서

그 동안 제가 임차하여 ○○음식점을 경영하고 있는 건물에 대하여 매도할 생각이 없으신지 알아보기 위하여 이렇게 문의하는 바입니다. 그 동안 제가 이 자리에서 10여년 동안 음식점을 경영해 왔습니다. 그런데 이번에 이 건물을 매도물로 내놓으셨단 이야기를 전해 들었습니다.

만약 다른 주인이 들어온다면 저의 입장이 어떻게 될지도 불안하거니와 이에 이 건물의 소유권을 저에게 양도하시는 것에 대해서 긍정적으로 검토하여 주십시오.

매수가는 귀하와 만난 자리에서 협의롤 해 보았으면 합니다.

하시는 일 모두 번창하시기를 기원합니다.

2000. ○○. ○○.

○○시 ○○구 ○○동 123번지
청구인   인

○○시 ○○구 ○○동 456번지
피청구인   귀하

해설

1) 매매는 쌍무계약으로 당사자 일방의 청약이 있고, 상대방이 그 청약에 응하여 승낙함으로써 성립하게 된다. 매매의 대금과 목적물 인도의무는 동시이행의 관계에 있게 된다.

2) 위 사안의 경우처럼 자신이 임차하여 사용하고 있는 건물을 자신이 직접 매입하고자 할 때에는 임대인인 소유주에게 자신이 그 건물을 매입할 의사가 있음을 표시하여 청약하면 될 것이다.

3) 만약에 임대인이 건물을 팔고자 하여 이미 부동산중개업자에게 등록했다면 임차인은 그 조건대로 승낙하여 바로 매매계약을 체결할 수도 있다.

18. 매매의 예약

매매의 예약이란 당사자 간에 장차 매매계약을 체결할 채무를 부담하게 하는 계약이다. 이에 대하여 장래 채결될 계약을 본계약이라고 한다.

매매의 일방예약에서는 상대방이 매매를 완결할 의사를 표시한 때에는 상대방의 승낙없이 매매의 효력이 생긴다(제564조제1항).

예약완결권은 권리자 일방의 의사표시로 본계약 성립의 효과를 생기게 할 수 있으므로 형성권이다.

매매예약완결확인 통지서

지난 2016.5.10. 귀하와 저의 계약으로 맺은 부동산에 대한 매매예약을 완결할 의사가 있는지의 여부를 확인하고자 이렇게 서면을 발송합니다.
예약을 완결할 의사가 있으시다면 저에게 2016.8.15.까지 서면으로 확인하여 주시기 바랍니다.

2 0 0 0. 0 0. 0 0.

○○시 ○○구 ○○동 123번지

통지인   인

○○시 ○○구 ○○동 456번지

피통지인   귀하

1) 부동산매매의 예약완결권은 재산적 가치가 있는 권리이며, 가등기에 의해 그 권리를 보전할 수 있다. 예약완결권의 양도에는 예약의무자의 승낙은 필요없다. 그러나 대항요건으로서 채권양도에 준하여 예약의무자의 승낙 또는 통지를 요한다. 예약완결권의 가등기가 있는 때에는 가등기의 이전등기로 대항력이 있다. 완결권의 존속기간은 계약으로 정할 수 있다 이를 정하지 않은 때에는 예약의무자는 상당한 기간을 정하여 매매완결여부의 확답을 상대방에게 최고할 수 있다(제564조 제2항). 만약 예약자가 이 기간내에 확답을 받지 못하면 예약은 효력을 잃는다(동조 제3항). 예약완결권은 형성권이므로 10년의 기간 내에 행사하지 아니하면 소멸한다.

매매예약 완결 통지서

지난 2016.5.10.에 ○○구 ○○동 ○○번지의 4층 건물에 대하여 귀하와 매매계약을 맺은 건에 관하여 그 매매를 완성하고자 이 서면을 발송합니다.

매매대금은 매매예약시에 협의한 대로 금 3억원을 준비하였습니다. 이에 동년 8.10. ○○등기소에 나와서 소유권이전등기 절차에 협력하여 주시기를 바랍니다.

2○○○. ○○. ○○.

○○시 ○○구 ○○동 123번지

청구인   인

○○시 ○○구 ○○동 456번지

피청구인   귀하

해설

1) 매매의 일방예약에 의하여 일방당사자는 상대방에 대하여 매매완결의 의사표시를 할 수 있는 예약완결권을 가지게 된다.

2) 상대방이 의무자에 대해 매매를 완결할 의사를 표시함으로써 매매는 성립한다. 당사자가 계약에서 예약완결권의 존속기간을 정한 경우에는 그 약정에 따를 것이나, 약정이 없는 경우에는 예약자는 상당한 기간을 정하여 매매완결 여부의 확답을 최고할 수 있고, 그 기간 내에 확답히 없으면 그 예약은 효력을 잃는다.

19. 분할지급약관부 매매

특수한 매매의 일종인 분할매매로서 현품은 바로 매수인에게 인도하고 대금은 정기로 나누어 지급하는 내용의 약관을 붙인 매매로 지급방법이 특수한 것이다. 보통 월부판매, 할부판매라고 한다. 자동차·텔레비전 등 가전제품 중에서 고가품의 매매에서 많이 이용된다. 월부판매는 대금이 비교적 큰 것에 관하여 대금지급을 쉽게 하고 소비자들의 구매욕구를 자극하여 매상의 증가를 꾀할 목적으로 행하는 것이다.

할부금 일시상환청구서

귀하가 2016.5.15.에 6개월 할부로 구입하신 김치냉장고에 관하여 지난 6월, 7월 두달간의 연체대금이 지금까지 입급이 되지 않았습니다. 이 서면을 받는 즉시 두 달간의 연체대금을 납부하여 주시기 바랍니다.

계속해서 대금 납입이 지연된다면 연체대금과 잔금을 더불어 청구하겠으니 이 점 양지하여 주시기 바랍니다.

2ㅇㅇㅇ. ㅇㅇ. ㅇㅇ.

ㅇㅇ시 ㅇㅇ구 ㅇㅇ동 123번지

청구인   인

ㅇㅇ시 ㅇㅇ구 ㅇㅇ동 456번지

피청구인   귀하

해설

1) 목적물을 먼저 인도하고 대금을 뒤에 장기간에 걸쳐 받게 되므로 매도인에게는 그만큼 대금의 지급을 못 받을 수 있는 위험을 부담하게 된다. 이러한 위험을 최소화하기 위해서 보통 대금완납까지 목적물의 소유권을 보류하는 소유권보류약관, 1회의 분할대금의 지급을 게을리하면 매수인은 그 뒤의 기한의 이익을 상실하는 내용의 기한상실약관, 1회의 지급을 게을리하면 계약은 효력을 잃고 매수인은 목적물을 반환하지 않으면 안되지만, 매도인은 이미 받은 대금의 반환을 요하지 않는다는 내용의 해제약관 등을 이용하여 매수인에게 부담을 지운다. 위 사안의 경우는 소비자가 대금 지급을 연체함으로써 기한의 이익을 상실하는 경우를 말한다.

2) 이러한 약관은 일반적으로 매도인에게 극히 유리하고, 매수인에게는 불리하게 규정되어 있다. 이에 우리나라에서는 약관의규제에관한법률로써 소비자에게 극히 불리한 약관은 그 효력이 없음을 정하고 있다.

20. 계약의 해제

계약이 체결되어 일단 효력이 생긴 후에 그 일방의 당사자의 의사표시로 계약의 효력을 소급적으로 소멸시키는 것이다. 해제는 해제권자의 일방적 의사표시로 성립하는 단독행위이다. 해제권은 약정해제권과 법률의 규정에 의한 법정해제권이 있다. 해제제도의 실익은 당사자일방이 그 채무를 이행하지 아니하는 경우에 상대방을 구제하는 것에 있다고 할 것이다.

해제권은 상대방에 대한 일방적 의사표시로 하며, 그 의사표시는 철회하지 못한다. 계약이 해제되면 계약은 처음으로 소급하여 성립하지 않았던 것과 같은 효력이 생긴다. 그리고 당사자는 상대방에 대하여 원상회복의무를 부담하고, 손해가 있으면 손해배상도 청구 할 수 있다.

계약 해제 통지서

저는 지난 7.10. 인터넷을 통한 상거래에서 귀사의 가방을 하나 구입하였고, 그에 대한 대금은 신용카드로 결제하였습니다. 그러나 현재까지 주문이 밀려서 배송이 늦어졌다는 말만 있을 뿐 상품의 배송이 안되었습니다.

이에 계속해서 수차에 걸쳐 빨리 가방을 보내주시던가 대금을 반납하여 주시기를 요구하였으나 현재까지 해결이 안 된 상태입니다.

더 이상 상품의 배송을 기다리는 것은 무의미하다고 생각되므로, 계약을 해제하고 결제된 대금을 제 구좌로 입금하여 주시기 바랍니다. 이 증명을 받는 즉시 해결해 주시기를 청구합니다.

2000. 00. 00.

○○시 ○○구 ○○동 123번지

통지인   인

○○시 ○○구 ○○동 456번지

피통지인   귀하

1) 당사자 일방이 그 채무를 이행하지 아니하는 때에는 상대방은 상당한 기간을 정하여 그 이행을 최고하고, 그 기간내에 이행하지 아니하면 계약을 해제할 수 있다. 이 때의 이행지체는 채무자의 귀책사유로 인한 것이어야 한다. 동시이행의 항변권이 있으면 자기의 이행을 제공하여 채무자의 항변권을 소멸시켜야 한다.

2) 위 사안의 경우 해제권자는 자신의 대금지급채무를 이행하고 가방의 배송을 기다렸던 것인데, 몇차례에 걸쳐 이행을 최고하였으나 그 이행이 없는 것으로 이행지체 책임을 물어 계약 해제권을 행사할 수 있다. 만약 이 계약으로 인하여 채권자가 손해를 입었다면 손해배상까지 청구할 수 있을 것이다.

21. 매도인의 하자담보책임

매매의 목적물에 물질적 하자가 있을 때 매도인이 매수인에 대하여 지는 담보책임을 말한다. 매수인은 목적물의 하자를 모르거나 모르는데 과실이 없어야 한다. 매수인의 악의는 매도인이 입증해야 한다. 일반적으로 하자담보책임은 무과실책임이며, 따라서 하자에 대하여 매도인의 고의·과실은 필요없다고 한다.

목적물의 하자로 인하여 매매의 목적을 달성할 수 없는 때에는 매수인은 손해배상청구와 계약해제를 할 수 있다(제580조제1항 본문). 목적물의 하자가 계약목적을 달성할 수 없을 정도로 중대한 것이 아니면 손해배상의 청구만을 할 수 있다(제580조제1항 본문, 제577조제1항 단서).

매매의 불완전이행

저는 지난 2016.7.25에 귀하가 경영하고 있는 귀금속 가게에서 목걸이, 팔지, 귀걸이 한 세트를 구입하였습니다. 매매계약을 맺을 시에는 24K 함량의 금으로 제작한 것을 요구하였고, 귀하께서는 본 제품을 보여주시면서 품질을 보증하셨습니다.

그러나 지난 8.5.에 다른 귀금속 가게에서 품질을 확인해 본 결과 금의 함량이 아주 부족하다는 것을 알게 되었습니다.

저는 분명 본 제품을 구입시 제 의사를 알렸고, 귀하께서도 그 의사를 충분히 납득하셨다고 생각합니다.

이에 이 제품으로는 계약이 완전히 이행되지 아니한 것이니, 본 제품을 제가 요구한 품질의 세트로 교환하여 주시기 바랍니다.

2000. 00. 00.

○○시 ○○구 ○○동 123번지

청구인   인

○○시 ○○구 ○○동 456번지

피청구인   귀하

1) 구입한 물건에 하자가 발생하면 매도인은 그것에 대하여 하자담보책임을 지게 된다. 완전물의 급부가 가능하다면 매수인은 완전물급부를 청구하면 될 것이고, 추완하더라도 계약의 목적을 달성할 수 없다면 매수인은 손해배상청구와 계약해제를 할 수 있다.

2) 처음 하자를 발견하면 매도인은 수리를 해주거나 다른 상품으로 교환을 해준다. 그러나 그러한 조치로도 자신의 목적을 완전히 달성할 수 없다면 매도인은 계약을 해제하고 대금의 반환을 청구할 수 있다.

3) 위 사안의 경우는 처음 주문한내용과 다른 물건을 급부받았을 때 매수인이 계약의 내용과 다르다는 이유로 반환을 청구한 것이다. 매수인이 선의·무과실인 한 매도인은 완전물을 급부하거나그 하자가 중대하면 손해배상책임까지 지게 될 것이다.

계약 해제 통지서

저는 지난 8.6.자로 ○○구 ○○동에서 귀 회사의 영업사원에게서 영어 교육 테이프와 해설 교제를 구입하였습니다.

계약을 체결할 때에는 견본품만을 살펴보고 나서 구입하였는데, 집에 들고 와서 상품을 뜯어보니 해설교제는 인쇄가 곳곳이 잘못되어 도저히 알아 볼 수 없는 상태이고, 테이프 또한 곳곳이 지워져서 듣기에 많은 불편이 따릅니다.

이에 이 상품을 그대로 사용할 수가 없으므로 상품과 이 증명을 보내는 바입니다.

이 증명을 받는 즉시 상품의 대금을 저의 계좌로 입금하여 주십시오.

2000. ○○. ○○.

○○시 ○○구 ○○동 123번지

통지인   인

○○시 ○○구 ○○동 456번지

피통지인   귀하

1) 구입한 물건이 견본품과 다르거나 광고의 내용과 달라서 낭패를 보는 일이 많다. 이런 경우에는 구입한 후 일정기간 내에 상품과 더불어 내용증명 우편을 보내어 계약해제의 뜻을 알리는 것이 좋다. 그것은 후에 발생할 수도 있는 상품구입대금 채권의 추심을 방지하기 위한 것이다.그러나 계약을 해제한다면 그 계약은 체결시로 소급하여 효력을 잃게 되므로 채무자나 채권자의 그 매매계약에 대한 권리·의무는 소멸하게 되는 것이다.

상품교환 청구서

저는 지난 7.10.에 귀사에서 제작 판매하고 있는 컴퓨터를 구입하여 사용해 왔습니다. 그러나 사용한지 15일 정도 지나자 컴퓨터 모니터상에 떨림이 나타나더니 이제는 화면 전환조차 잘되지 않는 상태입니다.

계속해서 2, 3차례 AS를 받아 왔으나 도저히 수리만으로는 정상적인 사용이 불가하다고 판단됩니다.

이 증명을 받는 즉시 상품을 교환하여 주시기 바랍니다.

2 0 0 0. 0 0. 0 0.

○○시 ○○구 ○○동 123번지

청구인   인

○○시 ○○구 ○○동 456번지

피청구인   귀하

해설

1) 목적물에 물질적 결함을 갖추고 있고, 매수인이 그에 대해서 선의·무과실이며, 매도인에게 그 하자발생에 대한 고의·과실이 있으면 매수인은 매도인에 대해서 담보책임을 물을 수 있다.

2) 특정물매매의 경우에는 목적물의 하자로 인하여 매매의 목적으로 달성 할 수 없는 때에는 매수인은 손해배상청구와 계약해제를 할 수 있다. 종류매매의 경우에는 매매의 목적물을 종류로 지정한 때에도 그 뒤 특정된 목적물에 하자가 있는 때에는 매수인은 계약해제나 손해배상청구를 할 수 있으며, 또는 하자 없는 물건과의 교환을 청구할 수 있다.

3) 위 사안의 경우에는 하자발생으로 인하여 계속해서 보수를 받았으나, 그 하자가 개선되지 않고 오히려 사용불가능한 상태가 되어버린 것이다. 이런 경우 매도인은 하자 없는 다른 상품으로 대체해 줄 의무가 있다.

건물 및 대지매매대금 지급 통지서

귀하는 저와 저의 소유인 ○○시 ○○구 신당2동 51번지 소재 건물 시멘트 단층주택 1동을 2016.7.13. 대금 2억 5천만에 매매하기로 하는 계약을 체결하고, 잔금 지급기일인 2016.7.25.에는 소유권이전등기절차를 경료해 주기로 약정하였습니다.

그러나 잔금 지급기일에 제가 위 건물의 소유권이전등기 관계서류를 교부하고 매매대금을 요구하였는데도, 귀하는 동일 금 1억만을 지급하고 나머지에 대해서는 지금까지 그 지급을 미루고 있는 상태입니다.

그러나 제가 이미 건물의 소유권이전등기절차에도 협력을 하였으므로 귀하가 위 매매대금에 대해서 그 지급을 미룰 하등의 이유도 없다고 생각합니다. 그러므로 이 통지를 받는 날로부터 4일 내에 위 매매대금의 잔금을 지급하여 주시기 바랍니다. 계속해서 잔금의 지급이 이루어지지 않는다면 저는 부득이 민사소송을 제기할 수밖에 없음을 양지하여 주시기 바랍니다.

2000. 00. 00.

○○시 광진구 자양동 123번지
통지인   인

○○시 ○○구 ○○동 456번지
피통지인   귀하

해설

1) 매매계약이 체결된 경우에 매매대금과 등기청구권은 동시이행의 관계에있다. 따라서 매수인은 자신의 매매대금지급의무를 매도인이 등기절차에 협력할 때까지 거절할 수 있다.

2) 그러나 상대방이 등기협력의무를 해태하고 있다면 매수인은 상당기간을 정하여 최고하여 그 이행을 청구하여야 할 것이다. 그런데도 불구하고 채무의 이행이 없다면 매수인은 법원에 등기의 이전을 명하는 판결을 구할 수 있다.

22. 환 매

민법은 매도인이 매매계약과 동시에 환매할 권리를 보유한 때에는 그 영수한 대금 및 매수인이 부담한 매매비용을 반환하고 그 목적물을 환매할 수 있다고 규정하고 있다. 환매는 주로 채권담보의 수단으로 이용되는 것이 보통이다.

부동산·동산·재산권에 모두에 대해서 환매의 특약을 할 수 있는데, 매매계약과 동시에 하여야 한다. 환매권자는 최초의 매매대금과 매수인이 부담한 매매비용을 반환하고 환매할 수 있다. 그러나 당사자 사이에 특별한 약정이 있으면 그에 의한다.

환매기간은 부동산은 5년, 동산은 3년을 넘지 못한다.

환매계약 이행 통지서

저는 지난 2009.5.10. 귀하와 제 소유였던 ○○구 ○○동 소재의 부동산의 매매계약을 체결하였는바, 그 당시에 귀하가 추진하려고 했던 공사가 3년간 이루어지지 않는다면 제가 다시 그 부동산을 환매하기로 특약을 하였습니다.

그 동안 귀하가 계획했던 공사가 계속해서 지연이 되었고, 지금 상황에서도 공사를 시작하는 것이 언제가 될지 알 수 없는 상황입니다.

이에 그 부동산을 환매 계약대로 제가 다시 매수하였으면 하여 이렇게 알려드리는 바입니다.

귀하가 그 환매계약을 이행할 의사가 있는지를 통보하여 주셨으면 합니다.

2000. ○○. ○○.

○○시 ○○구 ○○동 123번지

통지인   인

○○시 ○○구 ○○동 456번지

피통지인   귀하

해설

1) 이러한 환매권은 일종의 예약완결권의 성질을 가진다. 환매권은 부동산의 경우 5년·동산의 경우 3년의 기간 내에 행사하여야 한다. 환매권의 행사로 당초의 매매계약은 해제되고, 매도인은 매매목적물의 반환을 청구할 수 있다.

2) 위 사안의 경우 매매계약을 맺을 때 매수인이 공사를 하지 않는 특정한 사정이 발생하였을 때에는 매도인이 환매하도록 특약을 맺어 둔 경우이다. 매도인은 자신이 환매하겠다는 의사를 통지함으로써 매수인에게 그 절차에 협력하도록 청구할 수 있을 것이다. 매도인은 기간 내에 대금과 매매비용을 매수인에게 제공하여야 한다.

23. 증여

증여라 함은 당사자 일방이 무상으로 재산을 상대방에게 수여하는 의사를 표시하고 상대방이 이를 승낙함으로써 그 효력이 생기는 계약을 말한다. 증여는 무상계약이므로 증여자가 하자나 흠결을 알면서도 고지하지 아니한 경우를 제외하고는 증여자는 증여의 목적인 물건 또는 권리의 하자나 흠결에 대하여 책임을 지지 않는다.

증여는 다음의 경우에 해제할 수 있다. 즉, 증여의 의사가 서면으로 표시되지 아니한 경우, 피증여자가 증여자 또는 그 배우자나 직계혈족에 대한 범죄행위 등 망은행위를 행하였을 경우, 증여자의 재산상태가 현저히 변하여서 증여계약의 이행을 하면 생계에 중대한 영향을 받는 경우이다.

증여계약 해제 통지서

지난 2011.7.10.에 체결한 귀하와 저의 증여계약에 대해서 변동 사항이 있음을 알려드리게 되어 대단히 죄송합니다.

지난 계약 체결 당시에는 제 사업의 형편이 좋아서 증여하기로 한 부동산에 아무런 문제도 발생하지 않았으나, 올해 들어 경기의 악순환으로 인하여 제 사업도 파산 절차를 밟게 되었습니다. 이에 귀하에게 증여하기로한 부동산을 부득이 처분하기로 하게 되어 증여계약을 해제할 수밖에 없음을 알려드립니다. 다시 한번 죄송하다는 말씀드립니다.

2ㅇㅇㅇ. ㅇㅇ. ㅇㅇ.

ㅇㅇ시 ㅇㅇ구 ㅇㅇ동 123번지
통지인   인

ㅇㅇ시 ㅇㅇ구 ㅇㅇ동 456번지
피통지인   귀하

해설

1) 증여계약은 증여자가 수증자에게 일방적으로 지는 책임이다. 그러나 일정한 경우에는 증여계약을 해제할 수 있도록 함으로써 증여자의 사정이 현저히 변경된 경우에 증여자를 보호하고 있다.

2) 위 사안의 경우에서는 증여자가 증여계약을 맺고 나서 증여자의 경제사정이 현저히 악화되어 버린 경우이다. 이런 경우에도 증여자에게 증여계약의 이행을 강요하는 것은 증여자에게만 일방적으로 너무 많은 부담을 주는 것일 것이다. 이런 일정한 경우에는 증여계약을 해제할 수 있도록 함으로써 증여자의 부담을 덜어주고 있다.

24. 임 치

임치는 당사자 일방이 상대방에 대하여 금전이 유가증권 기타물건의 보관을 위탁하고 상대방이 이를 승낙함으로써 성립하는 계약이다. 임치는 원칙적으로 무상계약이다.

수치인은 임치물 보관의무와 임치가 종료한 때에 임치물 반환의무를 부담하고, 임치인은 유상임치의 경우에는 임치물 인도의무를 부담한다. 무상임치의 경우에는 그러하지 아니하다. 그 밖에 임치인은 비용선급·필요비상환 등의 의무, 임치물의 성질·하자로 인한 손해배상의무, 보수 지급의무 등을 부담한다.

임치는 기간만료·목적물의 멸실 등과 같은 계약종료의 일반원인 등에 기하여 종료한다.

통지서

2016.7.10.부터 귀하와 임치계약을 맺고 보관하고 있는 화물에 대하여 ㅇㅇ이란 사람이 이 화물이 자신의 것임을 주장하는 소를 제기하여 그 소장이 저에게 송달되어 왔음을 알려드립니다.
부디 상황을 잘 살펴보시고, 적절한 조치를 취하여 주시기 바랍니다.

2000. 00. 00.

ㅇㅇ시 ㅇㅇ구 ㅇㅇ동 123번지
통지인   인

ㅇㅇ시 ㅇㅇ구 ㅇㅇ동 456번지
피통지인   귀하

해설

1) 수치인이 임치계약을 수행함에 있어서 부담하는 임치물 보관의무에 부수적으로 따르는 의무 중에 임치인에 대한 통지의무가 있다. 자신이 임치하고 있는 임치인의 물건에 대하여 중대한 사항이 발생하였을 경우 즉시 통지함으로써 임치인이 그 사실에 대하여 대항할 수 있게 하기 위해서이다.

2) 법률의 규정을 보면 임치물에 대한 권리를 주장하는 제3자가 수치인에 대하여 소를 제기하거나 압류한 때에는, 수치인은 지체 없이 임치인에게 이를 통지하여야 한다(제696조)고 규정하고 있다.

3) 위 사안의 경우에는 수치인이 임치된 물건의 소유권을 주장하는 사람으로부터 물권적청구권에 기한 반환청구의 소를 제기당한 경우이다. 이러한 경우 수치인은 지체없이 임치인에게 통지하여 임치인이 부당한 소유권 등을 침해당하는 일이 없도록 협력하여야 할 것이다.

손해배상 청구서

저는 2016.4.10.부터 귀하와 임치 계약을 맺고 저의 공장에서 제작 판매하고 있는 시계를 귀하의 창고에 보관하여 왔습니다. 그러나 이번 태풍으로 인하여 가건물로 시설되어 있던 창고가 일부 유실되면서 보관중이던 저의 시계들이 태풍에 노출되었고 수리가 불가능할 정도의 피해를 입었습니다.

지난 5월부터 수차에 걸쳐 창고의 벽면의 조립이 헐거워진 것을 발견하고 그 시정을 요구한 바 있습니다. 그러나 태풍이 오면서 그 벽면의 붕괴 위험을 알면서도 별다른 조치를 취하지 않았기 때문에 최소로 줄일 수 있었던 금번 피해가 더욱 확장되었다고 판단됩니다.

이에 현재의 임치계약을 해지하고, 이번 사고로 인핸 손상된 시계의 가액과 납품의 지연으로 인한 손해배상금을 이 서면 도달 후 7일 내에 지급하여 주시기 바랍니다.

2000. 00. 00.

○○시 ○○구 ○○동 123번지
청구인　　　　　　　　인

○○시 ○○구 ○○동 456번지
피청구인　　　　　　　귀하

해설

1) 임치계약이 무상인 경우에는 수치인은 임치물을 자기 재산과 동
   일한 주의로 보관하여야 한다. 즉, 구체적 경과실에 대해서만 책
   임을 지면 된다. 그러나 임치계약이 유상인 경우에는 선량한 관리
   자의 주의로 임치물을 보관하여야 한다. 즉 추상적 경과실에 대
   해서도 책임을 지게 된다. 위 사례의 경우처럼 임치물을 보관하는
   명백하게 보이는 창고의 하자로 인하여 손해가 발생한 것으로, 임
   치인이 계속해서 그 하자를 지적하여 수선을 의뢰하였는데도 그
   것을 해태한 것은 수치인의 책임이라 할 것이다.

25. 위탁매매인

자기명의로써, 타인의 계산으로 물건 또는 유가증권의 매매를 영업으로 하는 자를 말한다. 자기 명의로써 또한 그 비용·손익 등 거래의 모든 결과를 타인의 부담으로 하는 것을 주선이라고 하는데, 위탁매매인은 바로 이 주선행위를 하는 자이다.

위탁매매인과 위탁자와 관계는 위임이므로 위탁매매인은 수임자로서 선량한 관리자의 주의를 가지고 그 위탁사무를 처리하여야 한다.

위탁계약 해지 통지서

저는 귀사와 지난 2010.8.10.부터 2년간 위탁계약을 맺고 귀사의 상품을 위탁판매하여 왔습니다. 그러나 이번에 부득이 제가 업종을 바꾸게 된 관계로 귀사와의 위탁관계를 해지하게 되었음을 알려드리는 바입니다. 따라서 현재영업소에 남아 있는 상품은 7일이내에 반품처리하도록 하겠습니다.

그 동안 저의 영업소를 이용하여 주셔서 감사드리며, 계속해서 귀사의 발전을 기원하겠습니다.

2000. 00. 00.

○○시 ○○구 ○○동 123번지
통지인   인

○○시 ○○구 ○○동 456번지
피통지인   귀하

1) 위탁매매계약도 위임이므로 위임의 종료사유가 적용된다.

2) 민법에서 규정하고 있는 가장 중요한 종료원인은 해지이다. 각 당사자는 약정여부에 관계없이 언제든지 위임계약을 해지할 수 있으며, 이로 말미암아 상대방이 손해를 입더라도 원칙적으로 그것을 배상할 의무를 부담하지 않는다. 그러나 상대방이 불리한 시기에 해지한 때에는 그로 말미암아 생기는 손해를 배상하여야 한다. 또한 당사자의 사망, 당사자의 파산 등에 의해서도 위임계약은 종료하게 된다.

26. 도급

▌Point 1▐ 의의

도급은 당사자 일방이 어느 일을 완성할 것을 약정하고 상대방이 그 일의 결과에 대하여 보수를 지급할 것을 약정함으로써 그 효력이 생긴다(제664조).

수급인이 계약한 기간 내에 일에 착수하여 그 일을 완성할 의무를 지고, 위 일이 유형적인 것일 때에는 완성한 물건을 도급인에게 인도한 때에 일이 완성한 것으로 본다. 보수는 일의 완성과 동시에 지급하여야 하므로 원칙적으로 동시이행의 관계에 있다. 수급인은 일의 목적물에 하자가 있을 경우 하자보수 · 손해배상 · 계약해제의 3가지 책임을 지게 된다.

민법은 쌍무계약의 당사자 일방의 채무가 당사자 쌍방의 책임없는 사유로 이행불능이 된 때에는 채무자는 상대방의 이행을 청구하지 못한다고 규정하고 있다.

▌Point 2▐ 제작물공급계약

당사자의 일방이 상대방의 주문에 따라 자기 소유의 재료를 사용하여 만든 물건을 공급할 것을 약정하고, 이에 대하여 상대방이 대가를 지급하기로 하는 계약을 말한다.

도급계약의 일종이다. 따라서 수급인과 도급인의 권리·의무에 관한 사항은 도급의 일반적인 원칙에 의한다.

▌Point 3▐ 도급계약의 해제

도급계약은 일반적으로 계약의 완전한 이행, 불가항력으로 인한 완성불능, 채무불이행을 원인으로 한 해제 등으로 인하여 종료한다.
특수한 종료원인으로는 다음의 사유가 있다. 즉, 도급인은 도급을 준 일이 필요없게 되었을 때에는 수급인에게 손해를 배상하고 계약을 해제할 수 있으며, 도급인이 건물 기타 토지의 공작물에 대한 하자가 아닌 수급이 완성한 목적물의 하자로 계약의 목적을 달성 할 수 없을 때 또는 도급인이 파산한 때에는 수급인 또는 파산관재인이 계약을 해제할 수 있다. 파산의 경우를 제외하고는 해제에는 소급효가 있다.

공사대금 노임 청구서

저는 귀하의 건설회사에서 건설 도급을 받아, 2010.4.5.부터 공사에 착수한 ○○시 ○○구 ○○동 빌딩건설 건축공사를 함에 있어서 귀하와 배관설비도급계약을 맺어 2010.5.15.부터 동년 8.15.까지 3개월간 1,000만원을 약정하였습니다.

그 후에 저는 계약내용대로 위 공사에 취역하여 소정기간 설비공사에 종사하여 공사를 완료하였으나, 아직도 귀하께서는 저에게 공사대금을 400만원 지급하였을 뿐 완납하지 않은 상태입니다.

공사가 끝난지도 많은 시일이 흘렀고, 빌딩도 준공되어 세입자들까지 입주한 상태이므로 저의 공사대금을 더 이상 미루는 것은 불가하다고 생각합니다.

그러므로 이 내용증명을 받는 즉시 공사대금을 완납하여 주시기 바라며, 만일 완납하지 않으신다면 부득이 민사절차를 밟아 지연이자와 함께 청구 할 수도 있음을 알려드리는 바입니다.

2○○○. ○○. ○○.

○○시 ○○구 ○○동 123번지
통지인   인

○○시 ○○구 ○○동 456번지
피통지인   귀하

해설

1) 도급계약을 맺고 수급인이 그 계약대로 일을 완성하였다면 도급
인은 그에 대한 보수를 지급할 의무를 부담한다. 약정한 시기에
지급하여야 하며, 약정이 없으면 관습에 의한 시기에, 관습도 없
으면 목적물의 인도와 동시에 지급하여야 한다. 그러나 목적물의
인도를 목적으로 하지 않는 도급의 경우에는 그 일을 완성한 후
지체없이 지급하여야 한다.

2) 위 사안의 경우에는 서면만 보고는 보수지급시기에 대한 어떠한
약정이 존재하였는지는 알 수 없다. 그러나 공사 완료 후 상당한
기일이 지났고, 벌써 공사가 완료된 빌딩에 입주가 시작되었다면
도급인이 보수지급의무를 지체하고 있다고 밖에 판단할 수 없다.
이것은 채무의 변제가 도래하였는데도 불구하고 정당한 이유도
없이 변제를 하지 않고 있는 이행지체의 모습이다.

3) 이행지체의 법리에 비추어 살펴보면 다음과 같은 결론이 도출된
다. 수급인은 우선 본래의 이행, 즉 보수지급을 청구할 수 있다.
도급인이 이에 응하지 않을 때에는 수급인은 강제력을 발동하여
현실적 이행을 강제할 수 있다. 도급인은 수급인에게 본래의 이행
외에 지체로 인한 손해의 배상 . 즉 지연배상을 청구할 수 있다.

도급계약 해제청구서

저는 2016.5.10.경 귀하와 저의 창고에 설치하기 위하여 제품 운반용 컨베이어 벨트를 구입하기로 하고 계약을 체결하였습니다. 그러나 동년 7.10.에 창고에 설치된 컨베이어 벨트는 설치시부터 잦은 고장과 함께 작업도중 원인을 모르는 사유로 인하여 멈추는 등 계속해서 문제가 발생하였습니다.

저는 수차에 걸쳐 AS를 받는 등 정상적인 이용을 위해서 노력하였으나, 이것은 원래 제품의 본질적인 문제점이라는 판단아래 더 이상은 이 제품을 사용하는 것이 불가하다고 판단되는 바, 이 컨베이어 벨트를 수거하여 가시고 계약을 해제하기를 바랍니다. 그리고 그동안 이 제품의 잦은 고장으로 하여 제가 입은 물질적 손해까지 보상하여 주시기 바랍니다.

2000. 00. 00.

○○시 ○○구 ○○동 123번지
청구인   인

○○시 ○○구 ○○동 456번지
피청구인   귀하

해설

1) 이러한 계약도 도급의 일종으로 파악할 수 있으므로 수급인은 도급계약에 따른 담보책임을 지게 된다. 부연하면 완성된 목적물은 완성 전의 성취된 부분에 하자 있는 때에는, 도급인은 상당한 기간을 정하여 그 하자의 보수를 청구할 수 있고, 하자의 보수에 갈음하여 손해배상을 청구할 수도 있으며, 완성된 목적물의 하자로 인하여 계약의 목적을 달성 할 수 없는 때에는 도급인은 계약을 해제할 수 있다. 위 사안의 경우 목적물의 잦은 고장이 계약의 목적을 달성할 수 없을 정도의 것이어야 계약을 해제할 수 있다. 그 정도에 이르지 아니하였다면 도급인은 그 하자의 보수를 청구하거나 또는 손해배상을 청구할 수 있을 뿐이다.

도급계약 해제 통지서

지난 2016.5.10.로 맺은 도급계약을 해제하고자 합니다.

현재 건설중인 건물에 전기 배선 공사를 동년 7.10.까지 완료하여 주시기로 하셨는데, 지금까지 그 공사가 완료되지 못함으로 인하여 공사가 한 달 가까이 지연되고 있어 공사일정이나 분양일정에 막대한 지장을 주고 있는 실정입니다.

이에 도급의 빠른 이행을 수차에 걸쳐 촉구하였지만, 아직도 마무리가 안 되었습니다. 더 이상의 손해를 방지하기 위하여 귀하와의 도급계약을 해제하고자 하오니 이 점 양지하여 주시기 바랍니다. 그리고 일의 지연과 또 다른 공사업자를 선정해야 하는데 대한 손해배상금 또한 지급하여 주십시오.

2 O O O. O O. O O.

○○시 ○○구 ○○동 123번지
통지인   인

○○시 ○○구 ○○동 456번지
피통지인   귀하

해설

1) 위 사안의 경우는 수급인의 채무불이행을 이유로 한 도급계약의 해제이다. 채무불이행이 수급인의 귀책사유로 발생하여야 할 것은 당연하다. 만약 도급인의 임무해태로 일이 완성되지 못하였다면 도급인은 수급인이 입은 손해를 배상하여야 할 것이다.

2) 채무불이행으로 인한 도급계약의 해제에는 수급인은 도급인에게 손해를 배상하여야 할 것이다.

27. 임대차

▌Point 1 ▌ 임대차란?

임대차 계약이란 당사자 일방(임대인)이 상대방(임차인)에게 목적물을 사용, 수익하게 할 것을 약정하고 상대방이 이에 대하여 차임을 지급할 것을 약정함으로써 성립하는 계약이다.

민법은 부동산 임대인에게 임대차등기절차에 협력할 의무를 부과하고 있다. 임차권을 등기한 때에는 그 때부터 임차인은 대항력을 지니게 되어 제3자에게도 효력을 주장할 수 있다(제621조).

주택임대차보호법에 의하면 등기없이 전입신고만 하여도 임차인은 대항력을 취득한다.

임차권의 침해의 경우는 임차인이 점유를 취득한 때에는 임차인은 손해배상과 방해배제를 청구할 수 있다. 임차인은 임대인의 동의없이 임차권의 양도 · 전대를 할 수 없으나 건물의 소부분을 타인에게 사용하게 하는 경우에는 임대인의 동의가 없어도 가능하다.

▌Point 2 ▌ 임대인의 의무

임대인의 의무 중에서 가장 핵심은 임차인이 목적물을 사용 · 수익할 수 있는 상태를 유지할 의무를 지고 있다는 것이다. 이러한 의무에서 여러 가지 원칙이 파생하게 되는데, 목적물인도의무, 방해제거의무, 수선의무 등이 그것이다.

▍Point 3 ▍ 보증금

보증금은 차임의 미지급, 임차물의 멸실 등 임대차관계에서 발생하게 되는 임차인의 모든 채무를 담보하는 역할을 한다. 그러나 임대차관계가 종료하게 되면 임대인은 임차인이 채무가 있으면 그것을 공제하고 남은 금액을 돌려주고 임차목적물을 명도받는다.

▍Point 4 ▍ 전대차

1. 전대라 함은 임차인 자신이 임대인(즉 전대인)이 되어 그의 임차물을 다시 제3자(전차인)에게 임대하여 주는 것을 내용으로 하는 계약을 말한다.
2. 임차인은 임대인의 동의없이 임차목적물을 처분할 수 없다.
그것은 임대차관계가 인적신뢰관계를 기초로 하는 계약이기 때문이다. 그러나 동의가 없다고 하더라도 그것이 당연 무효가 되는 것은 아니고, 단지 임대인이 계약해지권을 가진다는 것이다. 이 규정은 강행규정이 아니므로 당사자 사이의 특약으로 임차목적물의 처분에 임대인의 동의를 배제할 수 있다.
3. 임대인의 동의가 있는 전대의 경우 전차인은 직접 차임지급의무·목적물의 보관 및 반환의무 등을 임대인에 대하여 부담한다. 전차권은 원래 임차권에 기초하는 것이므로 그 계속·소멸 등에 원래 임차권의 영향을 받는다. 그러나 건물 기타 공작물의 소유 등을 위해서 적법하게 전차한 경우에는 계약갱신을 청구하거나 지상시설 등의 매수를 청구할 수 있는 권리를 가지게 된다.

| Point 5 | 갱신청구권

건물 기타 공작물의 소유 또는 식목 · 채염 · 목축을 목적으로하는 토지임대차에 있어서, 임대차기간이 만료한 경우에 건물 · 수목 기타 지상시설이 현존한 경우에는 임차인은 임대인에 대해서 임차권계약의 갱신을 청구할 수 있다. 임대인은 이 갱신청구권을 거절할 수는 있지만 거절하게 되면 임차인은 상당한 가액으로 지상시설을 매수할 것을 청구하게 된다. 이 규정은 강행규정이므로 이 규정에 위반한 당사자 사이의 계약은 효력이 없다.

| Point 6 | 임차권의 양도

임차권의 양도라 함은 임차권의 동일성을 유지하면서 이전하는 계약을 말한다. 임차권의 양도가 있게 되면 임차인은 그의 지위를 벗어나고, 양수인이 임차인의 지위를 승계하여 임차인으로서의 권리 · 의무를 취득하게 된다 전대의 경우와 마찬가지로 임대인의 동의가 있어야 한다.

임대인의 동의가 없는 양도의 경우 임차권 양도계약은 이들 당사자 사이에서는 유효하지만 양수인은 임대인에게 대항할 수 없다.

임대인의 동의가 있는 경우에는 임차권은 동일한 내용으로 양수인에게 이전하지만, 양도인의 지체차임채무나 기타 손해배상채무 등은 원칙적으로 양수인에게 이전하지 않는다.

임대차계약해지통지서

본인은 귀하와의 사이에서 ○○시 ○○구 ○○동에 소재한 여관건물에 대하여 2010.8.20. 임대기간 2년의 임대차계약을 체결하였습니다.

위 임대기간이 2016.8.20. 일부로 만료됨을 알려드립니다. 위 건물을 본인이 다른 용도로 사용하게 됨에 따라 부득이 임대차기간 연장도 불가능함을 알려드립니다.

임대차계약 만료일에 위 건물의 임대보증금 반환과 동시에 건물을 명도하여 주시기 바랍니다.

2000. 00. 00.

○○시 ○○구 창천동 123번지
임대인   홍○○ 인

○○시 ○○구 ○○동 456번지
임차인   임○○ 귀하

해설

1) 기간의 약정이 있는 임대차인 경우에는 해지통고, 약정기간이 없는 때에는 해지 통고 후 일정기간 경과 후에 임대차는 종료한다. 해지란 임대차 계약처럼 계속적 계약관계에서 당사자 일방의 의사표시에 의하여 장래에 대해서만 계약관계를 종료시키는 것이다. 해지의 경우에는 원상회복의무가 없다.

2) 임대차 계약관계에서는 일정한 경우에 해지의 통지가 없으면 계약의 갱신이 이루어지게 된다. 그러므로 해지할 의사가 있으면 만료하기 전에 상대방에게 해지의 의사표시를 하여, 지속할 의사가 없는 계약관계를 지속시키는 일이 없도록 하는 것이 좋다.

보일러 보수 공사비 지급 청구서

저는 귀하의 ○○빌라 1층에 지난 1월부터 입주한 임차인입니다. 제가 계약을 맺은 때에는 건물에 별다른 문제점이 발견되지 않았으나, 1달간 생활을 하다보니, 보일러에 이상이 발견되어 그 보수를 청구하였습니다. 귀하와 연락하는 것이 쉽지 않아서 먼저 제 부담으로 그 보일러의 고장을 보수하였는 바, 본래는 이 고장의 수리는 임대인 귀하의 부담으로 하는 것으로 알고 있습니다. 이에 보일러 수리비용 30만원을 빠른 시일내에 지급하여 주시기 바랍니다.

2000. 00. 00.

○○시 ○○구 ○○동 123번지
청구인   인

○○시 ○○구 ○○동 456번지
피청구인   귀하

해설

1) 임대인은 기본적으로 임차인이 목적물을 사용·수익할 수 있는 상태를 유지해야 하는 의무를 부담하고 있다. 그러나 목적물의 하자 보수비를 임대인이 모두 부담하여야 하는 것은 아니다. 하자가 임차인의 고의·과실로 인한 것이거나, 사용·수익에 지장이 없는 경미한 것인 경우에는 임대인은 보수비지급의무를 면제받게 될 것이다.

2) 임대차 계약을 맺을 때에는 특약을 정하여 일정한 기간내의 하자의 보수는 임대인의 부담으로 한다는 것을 명시하는 것이 좋다.

3) 위 사안의 경우는 입주한 지 1달 만에 보일러 고장이 생겼고, 보일러 시설을 주거용 건물을 사용하는 데 중요한 역할을 한다는 점 등을 들어보면 임대인에게 그 하자의 보수를 청구할 수 있다. 그러나 이때에도 임대인의 보수의무를 면제하는 특약이 없어야 한다.

임대목적물 보수 청구서

저는 지금 귀하의 ○○빌라 4층 401호를 임차하여 살고 있는 임차인입니다.

드릴 말씀은 다름이 아니고, 지금 빌라 복도 계단 등에서 계속해서 물이 새어나오고 있어서 그것을 알려드리려는 것입니다. 현재 이 건물을 4층에서 5층으로 증축하는 공사가 진행되고 있는 것으로 보아, 아마도 공사중에 배수관이 잘못 되었던 것 같습니다. 지금 며칠째 물이 새어나오고 있어 계단 등에 물이 홍건한 상태입니다. 빠른 시일내에 살펴보시고, 적절한 조치를 취해주시기 바랍니다.

2000. ○○. ○○.

○○시 ○○구 ○○동 123번지
청구인   인

○○시 ○○구 ○○동 456번지
피청구인   귀하

해설

1) 실제 임대차 거래관계에서 보면 보수비를 누가 부담할 것인가가 문제되는 경우가 많다.

2) 원래부터 목적물에 하자가 있던 것은 당연히 임대인의 부담이 될 것이다. 그리고 임차기간중 임대인의 고의·과실로 인하여 임차목적물에 중대한 하자가 생긴 경우에도 같다. 그러나 임차목적물의 파손 또는 하자 정도가 별 비용을 들이지 않고 손쉽게 고칠 수 있는 것이라면 그것은 임차인의 부담으로 할 것이다. 보수비 분쟁을 해결하기 위해 「입주 후 1개월 내에 임차인의 고의·과실없이 발생하는 하자는 임대인의 부담으로 한다」는 등의 특약을 맺어 두는 것이 좋다. 물론 특약으로 임대인의 수선의무 자체를 면제할 수도 있다는 것이 판례의 입장이다.

3) 위 사안의 경우에는 임대인의 무리한 증축공사로 인해서 임차인이 거주하고 있는 임차목적물에 중대한 하자가 생긴 경우이다. 이러한 경우에는 임대인의 부담으로 그 하자를 보수하여야 할 것이다.

임차보증금 반환청구서

저는 귀하의 소유인 ○○구 ○○동 소재의 ○○빌라 3층에 입주하여 지난 2년간 생활하였습니다. 계약기간은 2010.6.10.부터 2016.6.10.까지로 저는 계약기간이 만료하기전 갱신 거절의 의사를 통지하였습니다. 그런데도 지금까지 귀하가 계약기간이 만료되었는데도 불구하고 임차보증금을 반환하여 주시지 않는 관계로 이사하기로 했던 저의 일정마저 일시에 깨져버리고 생활에 큰 불편을 겪고 있습니다.

빠른 시일 내에 저의 임차보증금을 반환하여 주시기 바랍니다.

그렇지 않을 시에는 부득이 법적절차에 기대어 해결을 할 수 밖에 없음을 양지하여 주시기 바랍니다.

2 0 0 0. ○○. ○○.

○○시 ○○구 ○○동 123번지
청구인   인

○○시 ○○구 ○○동 456번지
피청구인   귀하

해설

1) 임차인의 명도의무와 임대인의 보증금반환의무는 동시이행의 관계에 있다. 즉, 임차인은 자신의 보증금을 반환받기 전에는 임차 목적물의 인도를 거절할 수 있다.

2) 위 사안의 경우에는 임대차기간이 종료하였음에도 불구하고 임대인이 보증금 반환을 지연하는 경우이다. 임차인은 임대인에게 보증금 반환을 청구하고, 그래도 지급이 이루어지지 않는다면 2천만원 이하의 금액일 때에는 소액심판을 청구하여 빨리 자신의 채권의 만족을 얻을 수도 있다. 임차인은 보증금을 반환받고 목적물을 명도하기 전에는 계속해서 임대차내용대로 사용·수익할 수 있으나, 차임은 계속해서 지급하여야 한다는 것을 명심하여야 할 것이다.

전대승낙청구서

귀하가 하시는 모든 일이 번창하기를 기원합니다.

드릴 말씀은 다름이 아니라 현재 귀하가 2016.4.10.에 ○○에게 임대하여 주신 ○○구 ○○동 XX번지의 건물 2,3층을 전대하려고 합니다.

현 임차인인 ○○은 본래의 목적대로 카페를 운영할 생각이었으나 갑작스런 사정으로 인하여 운영자금을 투자할 수 없는 상태입니다. 이 사정을 알고 제가 임차인과 전대의 협의를 한 상태인데, 그는 귀하의 승낙이 있다면 전대할 용의를 밝혀 주었습니다.

저는 이 건물을 개조하여 여학생 전용의 고시원으로 운영할 생각입니다.

귀하의 승낙이 있기를 기원합니다.

2000. 00. 00.

○○시 ○○구 ○○동 123번지
청구인   인

○○시 ○○구 ○○동 456번지
피청구인   귀하

해설

1) 위 사안의 경우에는 전대하고자 하는 단계에서 전차인이 임대인에게 동의를 구하는 과정이다. 물론 동의가 없어도 전대인과 전차인 사이에서는 유효하겠지만 전차인의 입장에서는 항상 임대인의 임차권계약해지권의 행사 위험을 부담하게 되어 불안한 지위가 계속될 것이다. 이에 애초부터 임대인에게 전대의 사실을 통지하고 동의를 얻는 것이 자신의 전차권 보호에도 큰 도움이 될 것이다.

임차기간 연장 청구서

저는 2007.9.10.에 귀하가 ○○과 정당한 임대차 계약을 맺은 토지를 화원을 운영하기 위하여 귀하의 승낙아래 ○○으로부터 전대하여 사용해 왔습니다.

이 전차권의 종기가 2016.9.10.로 그 종료가 가까웠으나, 저의 화원이 현재도 계속해서 운영되고 있음으로 인해서 전차권의 기간을 연장하여 임차하여 주시기를 청구합니다.

2000. 00. 00.

○○도 구리시 123번지
청구인   인

○○시 ○○구 ○○동 456번지
피청구인   귀하

해설

1) 위 사안의 경우에도 임차인은 화원을 운영하기 위해서 토지를 임차하였고, 화원을 운영하기 위한 부속시설도 현재 존재하고 있는 상황이다. 따라서 임차인은 임차권의 계약 갱신을 청구할 수 있다. 만약, 임대인이 이를 거절한다 하더라도 임차인은 지상물매수청구권을 행사할 수 있을 것이다. 이 때 주의할 것은 이 두 권리를 순차적으로 행사하여야 한다는 것이다.

임차권 양도 통지서

제가 임차하여 주택으로 사용하고 있는 ○○동 ○○번지의 주택에 관하여 현재 임대차 기간이 만료되기 전입니다만, 부득이하게 임대차 계약을 해지하게 되었음을 알려드립니다. 제가 금번 회사의 전근명령에 따라 지방으로 전근을 가게 되어서 임차주택을 계속해서 사용하는 것이 불가능하게 되었습니다.

이에 제 친구인 ○○에게 제 임차권을 양도하여 남은 기간 동안 이 주택을 사용할 수 있게 하여 주셨으면 합니다.

새로운 계약서의 작성은 귀하의 의사에 따라 저와 임차권의 양수인인 제 친구가 방문하였으면 하오니 빠른 시일내에 알려주시기 바랍니다.

2○○○. ○○. ○○.

○○시 ○○구 ○○동 123번지
　통지인　　　　　　　　　　인

○○시 ○○구 ○○동 456번지
　피통지인　　　　　　　　　귀하

1) 위 사안처럼 전근 등 불가피한 사정으로 인해서 임차권을 양도·
양수하는 것은 현실에서도 비일비재하다. 여기서 주의할 것은 임
대인의 동의가 없으면 양도인, 양수인은 임대인에게 대항할 수 없
어서 불측의 손해를 입게 된다는 것이다. 임대차 계약을 체결할
때에 임차인이 갑자기 이사를 가야 할 경우가 생기는 경우를 예정
하여 이 때는 임차권 계약을 해지할 수 있도록 특약을 맺을 수도
있다.

통지서

귀하가 임차하고 있는 점포건물이 8.10.로 저에게 경락되어 소유
주가 바뀌었음을 통보하여 드리는 바입니다. 이미 알려드렸던 바
대로 점포의 임대차계약은 유효합니다. 이에 지난 3달간 공탁하여
두었던 월세를 제가 지급받았으며, 다음 달부터는 저에게 직접 지
급하여 주시면 감사하겠습니다.
하시는 사업모두 번창하시기를 기원하겠습니다.

2000. 00. 00.

○○시 ○○구 ○○동 123번지
통지인 　　　　　　　　 인

○○시 ○○구 ○○동 456번지
피통지인 　　　　　　　 귀하

해설

1) 임차 목적물이 상속·경매 등의 사정으로 인해서 그 소유관계가 분명하지 않은 때에는 임차인은 차임의 지급을 거절하고, 그 차임을 공탁할 수 있다. 그것은 만약 무권리자에게 차임을 지급할 수 있는 위험과 그렇다고 해서 차임을 지급하지 않으면 차임연체로 인한 계약 해지의 통지를 받을 수 있는 위험을 미연에 방지하기 위한 것이다.

2) 정당한 권리자라고 주장하는 사람은 자신의 권리를 증명하고 공탁된 차임을 지급받을 수 있다.

3) 위 사안의 경우는 임차물이 경매되면서 소유자가 확정되지 아니한 경우에 임차인이 그 차임을 공탁한 경우이다. 임차물을 경락받은 사람은 그 임차권이 대항력을 가지고 있을 경우에는 전임대인의 지위를 양수하므로 임차인에게 자신이 새로운 임대인이라고 통지하고, 다음부터는 차임의 직접 지급을 요구할 수 있다.

지료증액청구서

현재 귀하가 ○○구 ○○동 소재의 건물을 소유하기 위하여 임차하고 있는 대지 400㎡에 대한 지료를 증액하여 줄 것을 청구하는 바입니다.

그동안 금융위기 등의 여파로 인하여 부동산 시세가 많이 떨어져 있던 상황에서 귀하와 위 대지에 대한 계약을 맺었습니다만은 현재 경제사정이 많이 좋아지면서 부동산 경기도 많이 풀렸습니다. 이에 ○○동 일대의 부동산 임대차 시세가 많이 상승하였습니다.

그러므로 현재의 자료인 월 200만원에서 20만원을 더한 220만원을 다음달부터 지금의 방법대로 저의 계좌로 입금하여 주시기 바랍니다.

2○○○. ○○. ○○.

○○시 ○○구 ○○동 123번지
청구인   인

○○시 ○○구 ○○동 456번지
피청구인   귀하

해설

1) 임차물에 대한 공과금부담의 증감 기타 경제사정의 변동으로 인하여 약정한 차임이 상당하지 않게 된 때에는 임대인이나 임차인은 장래에 대한 차임의 증감을 청구할 수 있다(민법 제628조). 신의성실의 원칙에 의한 사정변경의 원칙의 적용이다.

2) 이러한 청구가 있을 때 상대방은 그러한 사정이 타당하지 않다고 인정되면 그 청구를 거절할 수 있다.

3) 위 사안의 경우는 경제사정의 악화로 한때 가라앉았던 부동산 경기가 활성화되면서 부동산 가격의 상승을 원인으로 한 차임증가 청구권이다. 이 청구를 통지받은 임차인은 그러한 사정이 존재하지 않는다고 또는 그 증가액의 산정이 타당하지 않다는 점을 들어 거절할 수 있다.

부속물 매수 청구서

현재 제가 임차하여 살고 있는 귀하 소유의 주택의 임대차 계약기간인 만료되어 해지함과 더불어 제가 귀 소유의 주택에 설치한 수도설비에 대하여 매수하여 주시기 바랍니다.

임대차 계약 당시에 부속물 매수 청구권을 포기한다는 약정을 한 바 있지만 그 부속물 매수청구권 사전 포기는 무효라고 알고 있습니다. 그러므로 위 주택의 임대보증금의 반환과 동시에 부속물의 가액을 지급하여 주시기 바랍니다.

2000. 00. 00.

○○시 ○○구 ○○동 123번지
통지인   인

○○시 ○○구 ○○동 456번지
피통지인   귀하

1) 부속물매수청구권이라 함은 건물 기타 공작물의 임차인이 그 사용의 편익을 위하여 임대인의 동의를 얻어 이에 부속되거나 혹은 임대인으로부터 매수한 부속물이 있는 때에는, 임대차의 종료시에 임대인에 대하여 그 부속물을 매수하도록 청구할 수 있는 권리를 말한다(제646조).

2) 부속물매수청구권을 행사하려면 그 부속물을 건물과는 독립된 별개의 물건이어야 하고, 임차인이 임대인의 동의를 얻어 설치한 경우이어야한다. 부속물매수청구권을 규정한 민법 제646조는 강행규정이므로 이에 위반하는 규정은 모두 무효이고, 사전에 포기하는 것도 허락되지 않는다.

3) 건물을 사용함에 있어 필수불가결한 부속물을 설치하는 경우에는 이에 대하여 임대인의 묵시적 동의가 있었던 것으로 볼 수 있다.

4) 강행규정에 위반한 부속물매수청구권포기는 무효이고 이 수도설비는 임차건물의 사용의 편익을 위해 설치한 부속물이라고 보이므로 임차인은 부속물매수청구권을 행사할 수 있다. 임대인은 이 청구를 거절할 수 없다.

28. 채권양도

채권양도란 채권의 동일성을 유지하면서 계약에 의하여 채권을 이전
하는 것을 말한다. 계약 이외에도 유언 · 법률의 규정 · 손해배상자의
대위 · 변제자대위 , 법원의 명령 등에 의해서도 채권은 이전 될 수
있다. 채권의 종류에 따라 이전의 형식에 차이가 있다. 지명채권의
경우에는 채무자에게 통지하거나 채무자의 승낙을 얻어야 효력이 있
으며, 지시채권은 증서 뒷면에 배서하여 양수인에게 교부한다. 무기
명채권과 지명소지인출급채권의 경우에는 양수인에게 증권을 교부하
기만 하면 양도의 효력이 있다.

채권 양도 통지서

지난 2011년 귀하가 저에게서 빌려간 금전 일천만원에 대한 채권자의 지위를 제 채권자인 ○○에게 이전하는 것을 알려드리는 바입니다.

그러므로 월마다 저에게 지급하여 주셨던 금전의 이자 또한 ○○에게 지급하여 주십시오.

2000. 00. 00.

○○시 ○○구 ○○동
통지인   인

○○시 ○○구 창천동
피통지인   귀하

1) 채권양도를 하게 되면 양도인은 채무자에게 통지하거나 채무자가 승낙하지 아니하면 양수인은 채무자에 대해서 대항할 수 없다. 즉, 채무자는 양도의 통지를 받은 후에는 양수인인 신채권자에게만 변제하여야 한다. 다만 통지를 받기 이전에 채무자가 양도인인 구채권자에게 대항할 수 있는 변제·항변권·취소권 등을 취득하였다면 그 권리로 신채권자에게 대항할 수 있다(제451조제2항). 양도인이 채무자에게 채권양도를 통지한 때에는 아직 양도하지 아니하였거나, 그 양도가 무효인 때에도 선의인 채무자가 표현상의 양수인이나 무효의 양수인에게 한 변제 그 밖의 면책행위는 유효하며, 이를 양도인에게 대항할 수 있다(제452조제1항). 양도의 통지를 한 양도인은 양수인의 동의없이 양도를 철회할 수 없다. 양도 철회의 통지가 있더라도 양수인의 동의가 없었다면 양수인에게 한 변제의 효력은 유효하다고 할 것이다.

29. 채무인수

채무인수라 함은 채무의 동일성을 유지하면서 그대로 인수인에게 이전하는 것을 목적으로 하는 계약을 말한다. 종전의 채무가 그대로 인수인에게 이전하는 것이므로 인수인이 부담하는 채무는 그 내용은 물론, 그 원인도 채무자가 부담하였던 채무와 동일하다. 채무인수는 계약에 의하여 발생하는 것이 보통이나, 법률의 규정에 의하여 발생할 수도 있다. 채무인수가 있으면 채무자는 채무를 면하고, 이 때 이자 채권·위약금 채권 등과 같은 채무에 종된 채무도 원칙적으로 인수인에게 이전된다.

채무 이전 통지서

지난 2016.7.10.에 귀하와 제가 계약을 체결한 컴퓨터 대금의 지급채무를 동년 8.10. ○○에게 이전하였으니 이를 승낙하여 주시고 차후에 대금 추심에 문제가 없도록 하여 주시기 바랍니다.

2000. 00. 00.

○○시 ○○구 ○○동 123번지
통지인   인

○○시 용산구 456번지
피통지인   귀하

해설

1) 채무를 이전할 수 있기 위해서는 채무 자체가 이전이 가능해야 한다. 즉 일신전속적인 채무는 이전하는 것이 원칙적으로 금지된다. 채무이전은 채권자의 승낙이 있어야 효력이 생기고, 채권자의 승낙의 의사표시는 채무자, 인수인의 어느 편에나 하여도 관계없다. 채권자가 빨리 승낙 또는 거절의 의사표시를 하지 않을 때에는 채무자나 인수인은 상당한 기간을 정하여 승낙 여부의 확답을 채권자에게 최고할 수 있다. 만약 그 기간 내에 확답을 발송하지 아니한 때에는 거절한 것으로 본다. 채무자·인수인간의 계약으로 인수하는 경우에는 채권자가 승낙하기까지는 당사자는 이를 철회하거나 변경할 수 있다(제456조).

30. 이행지체

이행지체란 채무의 이행기가 도래하였고 그 이행이 가능한데도 채무자의 책임있는 사유로 채무자가 채무를 이행하지 않고 있는 것을 말한다. 채무자의 과실이나 이행보조자의 고의·과실에 의한 채무불이행에 있어서는 책임을 안진다고 특약을 하는 것은 유효하다. 그러나 채무자의 고의에 대해서까지 면책특약을 하는 것은 무효이다. 물론 면책특약은 신의칙에 반하지 않아야 한다. 이행지체가 있으면 채권자는 우선 본래의 이행을 청구할 수 있다. 채무자가 이에 응하지 않을 때에는 채권자는 강제력을 발동하여 현실적 이행을 강제할 수 있고 지연배상을 청구할 수 있다.

대여금 지급청구서

본인 귀하에게 3천만원을 이율 월 2푼, 변제기일 2016.5.15.의 약정으로 대여하였으나, 변제기일이 지난 현재까지 연기만 구할 뿐, 위 대여 원리금을 지급하지 아니하였습니다.

그러나 더 이상 대여금 상환기일을 연기할 수 없으니, 이 내용증명을 받은 날로부터 7일내에 위 금액을 상환하여 주시기 바랍니다. 만약 그 시일까지 대여금이 상환되지 않는다면 부득이 법적절차를 밟을 수밖에 없음을 알려드립니다.

2ㅇㅇㅇ. ㅇㅇ. ㅇㅇ.

ㅇㅇ시 ㅇㅇ구 ㅇㅇ동 123번지
청구인   인

ㅇㅇ시 ㅇㅇ구 창천동 456번지
채무자   귀하

31. 신용카드

신용카드란 이를 상환함이 없이 제시함으로써 반복하여 물품의 구입 또는 용역의 제공을 받을 수 있는 증표로서 신용카드업자가 발행한 것을 말한다. 이러한 신용카드를 카드보유자에 대하여는 현금대용의 역할을 하며, 가맹점에 대하여는 판매를 촉진시키는 이점을 가지고 있으며, 신용카드를 발행하거나 신용카드거래에 관여하는 은행은 새로운 고객 및 예금의 유치가 가능하고, 또 예금자의 신용상태를 파악할 수 있는 이점이 있다.

카드사용대금 지급청구서

귀하는 저희 회사인 신용카드를 발급받아 사용하면서 자동대체 결제방식에 의해 결제를 하기로 하였습니다.

그런데도 불구하고, 2016.6.3. 신용판매대금 300만원, 2016.7.8. 신용판매대금 273만원의 신용카드를 이용하고, 이에 대한 연체이자 금 217,550원을 포함하며 원리합계 금 5,587,550원이 미결제 상태로 되어 있는 바, 이에 대금 상환을 독촉하는 바입니다. 이전에도 이미 여러차례 독촉하였는데도 지금까지도 이 대금이 입급되지 아니한 상태입니다.

이 청구에도 응하지 아니한다면 저희 회사로서는 부득이 법적절차를 밟아 귀하에게 대금 청구를 할 수 밖에 없음과, 귀하는 신용불량자로 등록되어 각종 신용거래에 있어서 불이익을 받을 수 있음을 알려드립니다.

2000. 00. 00.

주식회사 ○○신용카드주식회사

○○시 ○○구 남대문로 1가

대표이사   인

신당 지점장   인

○○시 ○○구 ○○동 456번지

피청구인   귀하

해설

1) 신용카드를 사용하여 물품을 구입하였을 때에는 그 대금은 신용
   카드업자와 매수인의 채권·채무관계가 된다. 따라서 그 대금을
   정해진 기일까지 납입하지 아니할 경우에는 채무자는 채무불이
   행의 책임을 지게 된다. 대금 이체시에 전산시스템의 잘못 등으로
   이체되지 않은 경우에는 예외로 한다. 이것은 채권자의 귀책사유
   에 해당하기 때문이다.

외상대금 납입청구서

지난 2016.8.5.에 귀하가 저의 식당을 이용하면서 외상으로 거래한 식비에 대하여 지급하여 주시기 바랍니다.

이 대금에 대해서도 8.6.로 납입하기로 했는데, 지금까지 지급이 안 된 상태입니다.

식비는 모두 55만원입니다.

빠른 시일 내로 해결하여 주시기 바랍니다.

2ㅇㅇㅇ. ㅇㅇ. ㅇㅇ.

ㅇㅇ시 ㅇㅇ구 ㅇㅇ동 123번지
청구인   인

ㅇㅇ시 ㅇㅇ구 ㅇㅇ동 456번지
피청구인   귀하

해설

1) 채권·채무관계에서 약정 변제기일까지 채무의 이행이 없으면 채무자는 이행지체책임을 부담하여야 한다. 위 사안의 경우에도 식당업자는 채무자에게 자신의 의무, 즉 음식제공의무를 다하였으므로 식비청구하는데 아무런 방해요인이 없을 것이다. 채무자는 청구를 받은 즉시 이행을 하여야 하며, 이행이 없을 시에는 다른 많은 불이익을 받게 될 것이다. 음식점의 음식료, 여관의 숙박료, 노역인·연예인 등의 임금 및 그에 공급한 물건의 대금 채권 등은 1년의 단기소멸시효에 걸리는 채권이므로 그 채권의 실행을 지연함이 없어야 나중에 소멸시효로 인하여 자신이 채권이 없어지는 것을 방지할 수 있을 것이다.

32. 변제의 충당

채무자가 동일한 채권자에 대하여 동종의 목적을 가지는 수개의 채무를 가지고 있는 경우, 또는 한 개의 채무의 변제로 수개의 급여를 해야 하는 경우에 변제로서 제공한 것이 그 채무의 전부를 소멸시키기에 부족한 때에는 그 변제로 어느 채무의 변제에 충당할 것인가를 정할 필요가 있는데 이것을 변제의 충당이라고 한다.

변제자는 변제할 때 변제수령자에 대한 의사표시로 채무를 지정하여 그 변제에 충당할 수 있다. 변제자의 지정이 없는 경우에는 변제수령권자도 충당할 채무를 지정할 수 있다. 당사자 쌍방이 지정변제충당을 하지 않는 경우에는 법률의 규정에 따라 법정변제충당을 할 수 있다. 변재액은 비용, 이자, 원본의 순서에 따라 변제에 충당하여야 한다.

변제충당지정서

제가 금년 8.10.에 귀하에게 지급한 일부 변재액의 충당에 대해서 지정을 하고자 이 서면을 발송합니다.

저는 귀하에게 제 아들 ○○명의로 된 금 이천만원의 채무와 저의 명의로 된 금 삼천만원의 채무를 가지고 있습니다.

두 채무의 변제기가 동시에 도래하여 제 아들과 제가 금 오천만원과 이자를 변제하여야 하나, 개인사정상 그렇지 못하고, 금 이천오백만원을 지급합니다. 이에 이 금액을 제 아들 명의의 금 이천만의 채무의 변제에 충당하여 주시고 남은 금 오백만원은 제 명의의 채무의 변제에 충당하여 주시기 바랍니다. 채무액을 완납하지 못한 것에 다시 한번 죄송하다는 말씀드리며, 빠른 시일내로 잔금을 지급하여 드리겠습니다.

2000. 00. 00.

○○시 ○○구 ○○동 123번지
통지인   인

○○시 ○○구 ○○동 456번지
피통지인   귀하

해설

1) 여러 개의 채무가 있고, 그 채무의 이행기가 도래하여 변제를 하게 되었는데, 그 채무액에 부족하게 변제를 한 경우에는 채무자는 자신이 어떤 채무를 먼저 변제할 것인지를 정할 수 있다.

33. 연대채무

연대채무란 동일 내용의 급부 전부를 수인의 채무자가 각자 이행할 의무가 있고, 채무자 1인의 이행으로 타채무자도 그 채무를 면하는 다수당사자의 채무를 말한다. 연대채무자에 대한 채권자는 어느 연대채무자에 대해서, 또는 동시나 순차로 모든 연대채무자에 대하여 채무의 전부나 일부의 이행을 청구할 수 있다.

연대채무전액에 대한 청구를 받고 채무를 변제하거나 자신의 출재로 공동면책이 된 때에 연대채무자는 다른 연대채무자의 부담부분에 대해서 구상권을 행사할 수 있다. 부담부분의 결정은 특약, 또는 연대채무로부터 받는 이익의 비율, 그러한 특별한 사정이 없으면 균등한 것으로 추정한다.

채무 변제 통지서

제가 귀하 등 ○○, xx과 더불어 2010.7.10. ○○은행으로부터 오천만의 금전을 대출받으면서 서로의 관계를 연대채무로 규정하였습니다.

이 대출금의 변제기가 도래하였는 바, 연체되면 우리 모두에게 신용상 불이익이 있을 것 같아서 제가 먼저 이 대출금의 전액을 변제기인 2016.7.10.에 변제하려고 합니다.

우리의 채무는 부담부분이 균등하게 설정되어 있으므로 귀하의 분담부분을 저에게 지급하여 주시기 바랍니다.

2ㅇㅇㅇ. ㅇㅇ. ㅇㅇ.

ㅇㅇ시 ㅇㅇ구 ㅇㅇ동 123번지
　　　통지인　　　　　　　　인

ㅇㅇ시 ㅇㅇ구 창천동 456번지
　　　피통지인　　　　　　　귀하

해설

1) 위 사안의 경우는 연대채무전액을 변제한 연대채무자가 다른 연
   대채무자에 대하여 부담부분을 구상 청구하는 경우이다. 그러나
   구상권을 행하려면 사전·사후에 타채무자에게 변제의 통지를 하
   여야 한다. 그렇지 않은 경우에는 타채무자가 채권자에 대항할 수
   있는 권리를 가지고 있을 때에는 그 사유를 가지고 변제한 채무자
   에게 대항할 수 있는 등 일정한 범위에서 구상권의 행사는 제한된
   다.

34. 보증채무

▌Point 1 ▌ 보증채무란?

보증채무란 주채무자가 그 채무를 이행하지 않을 때에 그 이행책임을 지는 것으로 주채무를 담보하는 채무를 말한다. 보증채무는 주채무자의 부탁 또는 채권자의 부탁으로 성립한다. 주채무자의 의사에 반하여서도 유효한 보증을 할 수 있다. 보증채무는 주채무에 대해 독립성, 부종성, 보충성 등을 지닌다. 보증채무자는 채권자의 변제요구가 있을 때에는 최고·검색의 항변권을 지니며, 주채무자의 항변권을 행사할 수 있다.

보증인에게 발생한 사유는 주채무자에게 효력이 없는 것이 원칙이지만, 보증인의 변제·대물변제·공탁·상계 등 절대적으로 채무를 소멸시키는 사항은 주채무자에게도 절대적인 효력이 있다.

▌Point 2 ▌ 보증인이란?

보증인이라 함은 채권관계에 있어서 주채무자 이외에 동일한 내용의 채무를 부담하는 종된 채무자를 두어서 주채무자의 채무에 대한 채권을 담보하는 제도를 보증이라 하는데, 이 보증에서 종된 채무자를 말한다.

▎Point 3▎ 보증인의 항변권

보증인은 채무자의 이행이 없을 경우 채무자에 갈음하여 채권자에게 채무를 이행하여야 한다. 그러나 보증인은 채권자의 청구에 대하여 최고·검색의 항변권을 행사할 수 있다. 보증인은 주 채무자의 변제 자력이 있는 사실 및 그 집행이 용이할 것을 증명하여 먼저 주채무자에게 청구할 것과 주채무자에게 청구할 것과 그 재산에 대하여 집행할 것을 항변할 수 있다.

보증인이 항변권을 행사하였는데도 불구하고 채권자의 해태로 인하여 채무자로부터 전부나 일부의 변제를 받지 못한 경우에는, 채권자가 해태하지 아니하였으면 변제받았을 한도에서 보증인은 이행의무를 면한다.

보증인개임청구서

지난 2016.8.10.에 귀하와 체결한 금 오천만원에 대한 채권채무
관계에서 귀하는 보증인을 요구하는 저의 요청에 따라 ○○을 보
증인으로 선임하였습니다. 그러나 제가 보증인으로 선임된 ○○의
경제적 사정을 조사해 본 결과 그에게는 귀하의 금전채무를 보증
할 만한 경제적 여력이 없다는 것을 알게 되었습니다. 이런 이유로
○○을 보증인으로 하는 금전채무관계에서는 저의 채권의 안전을
도모하는 것이 어렵다고 판단되는 바, 귀하가 경제적 자력이 있는
다른 이로 하여금 귀하의 채무를 보증할 수 있도록 하여 주시기 바
랍니다.
이 서면 도달 후 5일 내에 보증인을 개임하시어 저에게 통보하여
주시기 바랍니다.

2000. 00. 00.

○○시 ○○구 ○○동 123번지
청구인   인

○○시 ○○구 ○○동 456번지
피청구인   귀하

해설

1) 채무자에게 법률상 또는 계약상 보증인을 세울 의무가 있는 경우에는 행위능력 및 변제자력이 있는 보증인을 세워야 한다. 보증인이 변제자력이 없게 된 때에는 채권자는 보증인의 변경을 청구할 수 있다. 그러나 채권자가 직접 보증인을 지명한 경우에는 보증인에게 변제자력이 없어졌다 하더라도 채권자는 보증인 개임을 신청할 수 없다.

2) 채권자는 자신 채권의 안전을 위해서 보증인을 세웠을 경우 보증인의 자력을 조사하고 자신의 채권을 담보할 수 있는지 살펴보는 것이 필요하다. 채무자가 다른 보증인을 세우지 못한다면 채권자는 보증인 대신에 상당한 담보를 제공받음으로써 보증인을 세울 의무를 면제해줄 수 있다.

보증채무 거절 통지서

귀하가 지난 8.5.에 발송하신 서면의 답변입니다.

귀하는 저에게 ○○은행의 연 2할, 금 오천만원의 금전대출절차에서 보증인이 되어 줄 것을 신청하였으나, 요즘 저도 경제적으로 압박을 받고 있어 그 부탁을 받아들이는 것은 무리라고 판단됩니다.

이에 부득이 이렇게 거절의 뜻을 서면을 통해 발속합니다.

2000. ○○. ○○.

○○시 ○○구 ○○동 123번지
통지인   인

○○시 ○○구 ○○동 456번지
피통지인   귀하

해설

1) 보증채무는 주채무에 종속된 채무로 주채무와 동일한 의무를 부담한다. 보증인은 주채무자의 이행이 없을 시에는 자기의 재산으로 그 채무를 부담해야 하므로 상당한 부담이 따른다. 채권자가 보증인을 요구하는 것은 자신의 채권의 이행을 청구할 수 있는 상대방을 늘림으로써 자신의 채권을 안전한 지위에 머물도록 하는 방편이다. 따라서 보증인은 자신의 재력과 능력의 범위 내에서 보증을 서도록 하여야 한다. 변제자력이 없는데도 불구하고 보증채무를 부담한다는 것은 자신에게나 채권자 모두에게 불필요한 일일 것이다. 보통 보증채무를 설 때에는 채무자와의 정의관계에 기인한 것이 많다. 그러나 보증채무를 서는 데에는 신중하게 자신이 책임져야 하는 범위 등을 잘 파악하고 나서 결정을 내려야 할 것이다.

보증채무 확인서

저는 ○○과 금년 8.5.에 금전 3천만원을 연 2푼5리에 대부하여 주었습니다. 그 계약 당시 귀하께서 ○○의 채무관계에서 보증을 해 주셨던 바, 후일에 발생할지도 모르는 불의의 사태를 대비하기 위해서 이렇게 확인을 하여 주십사하는 서면을 보내드리게 되었습니다. 번거로우시더라도 서면으로 꼭 확인하여 주시기 바랍니다.

2000. ○○. ○○.

○○시 ○○구 ○○동 123번지
청구인   인

○○시 ○○구 ○○동 456번지
피청구인   귀하

해설

1) 우리 민법상 보증계약은 불요식의 낙성계약이다. 그러나 독일·
   스위스 등의 외국 입법례에서는 보증인의 막중한 책임을 고려하
   여 서면에 의할 것을 요건으로 한다.

2) 보증인의 책임은 물상보증인과는 달리 그의 전재산을 대상으로
   하여 주채무의 이자·위약금·손해배상 기타 주채무에 종속한 채
   무를 포함하여 보증하게 된다.

3) 이런 의미에서 비록 우리 민법상 서면을 요구하는 것은 아니지만
   서면으로 이를 확인하여 두는 것이 거래상 안전을 기하는 방법이
   될 것이다.

보증채무 지급청구에 대한 이의통지서

귀하의 저에 대한 ○○의 채무의 지급을 요청함은 채권자로서 자신의 채권의 만족을 얻기 위한 한 방편이라고 생각합니다. 그러나 저는 2016.1.15. ○○의 부탁으로 ○○과 귀하의 금전채무계약에서 보증을 하였습니다만, 그 채무가 연대보증이 아닌 보통의 보증채무였으므로 저는 귀하의 지급요청에 대하여 먼저 채무자 ○○에게 그 채권의 지급을 최고하고, 그의 재산에 대하여 검색해보기를 청구할 수 있는 권한을 가지고 있습니다. 그러므로 채무자에 대한 지급 청구 없이 저에게 지급청구를 함은 부당하다고 생각되오니, 먼저 채무자 ○○에게 채무의 지급을 청구하시기 바랍니다.

2000. 00. 00.

○○시 ○○구 ○○동 123번지
통지인   인

○○시 ○○구 ○○동 456번지
피통지인   귀하

해설

1) 위 사안의 경우처럼 보증인이 채무의 이행을 청구받은 경우에는, 채권자에게 변제자력이 있고, 집행이 용이하다는 점을 들어 최고·검색의 항변권을 행사할 수 있다. 채권자는 이 항변권의 행사를 받는 즉시 주채무자에 대해서 채무의 이행을 청구하거나 재산에 대하여 집행을 하여야 할 것이다. 그러나 보증인은 연대보증인 경우, 주채무자가 파산선고를 받은 경우, 주채무자가 행방불명이 된 때, 자신이 항변권을 포기한 때에는 이러한 항변권을 행사할 수 없고, 채권자의 청구가 있으면 자신의 출연으로 채무를 이행하여야 한다.

채무변제 통지서

귀하의 모든 일이 번창하기를 바랍니다.

드릴 말씀은 다름이 아니라 지난 2010.8.10. 귀하가 제 채무의 보증인이 되어 주셨던 건 때문입니다.

이번 2016.8.10. 채무의 변제기가 도래하였으므로 그 채무의 전액을 변제하였으므로 착오로 채무의 이중변제를 하시는 일이 없도록 하시기 바랍니다.

어려운 시기에 보증인 되어 도움을 주셔서 대단히 감사합니다.

2○○○. ○○. ○○.

○○시 ○○구 ○○동 123번지
　　　통지인　　　　　　인

○○시 ○○구 창천동 456번지
　　　피통지인　　　　　귀하

해설

1) 채무자가 채권자에게 변제행위를 하였으면서 그 사실을 수탁보증 인에게 통지하지 않은 경우에, 보증인이 선의로 채권자에게 변제 기타 유상의 면책행위를 한 때에는, 보증인은 자기의 면책행위의 유효를 주장할 수 없다.

2) 예컨대 채무자가 이미 채무를 소멸시켰는데도 불구하고 보증인이 자신의 책임을 피하고자 자기의 재산 또는 출재로 채무를 또 한번 소멸시켰을 경우에는 보증인 또한 자기의 변제가 유효하다고 주 장할 수 없는 것이다.

3) 이러한 경우를 방지하기 위해서 채무자는 자신의 부탁으로 보증 인이 된자에게 면책행위가 있었을 경우 지체없이 이를 통지하여 나중에 다른 불이익을 받는 일이 없도록 하여야 할 것이다.

치료비 지급 청구서

환자 김○○는 교통사고로 척추골절상을 입어, 귀하의 치료비 지불 보증하에 제가 경영하는 한국대학병원에 2011.4.10. 입원하여 치료를 받고 2011.8.30. 퇴원하였습니다.

그러나, 위 입원기간 동안 발생한 진료비 총액 금 오백만원 중 이백팔십만원은 납입하였으나, 나머지 잔금 이백이십만원은 미납인 채로 현재까지 이르고 있습니다.

이에 저는 김○○에게 수차례 잔금을 지급하도록 청구하였으나 이에 응하지 아니하였습니다. 그래서 지불 보증인인 귀하께서 잔금 이백이십만원을 채무자 대신 납부하여 주시기 바랍니다. 이 통지를 받는 날로부터 4일이내에 잔금을 납부하여 주시고 만약 그 기한까지 납입이 되지 않는다면 민사소송상의 절차를 밟아 제 채권의 만족을 얻을 수밖에 없음을 알려드리는 바입니다.

2000. 00. 00.

한국대학병원
○○시 광진구 광장동 123번지
이사장   인

○○시 광진구 구의동 456번지
피통지인   귀하

1) 병원비라는 특정채무로 특정되어 있을 뿐 위 사례 또한 금전채무의 보증채무이다. 따라서 채권자인 병원 측에서는 주채무자에게 계속해서 이행을 청구하였으며, 먼저 주채무자의 재산에 대해서도 집행을 하였으나 그 채권 전액을 변제받지 못한 사실이 있어야 보증인에게 이행을 청구하여 만족을 얻을 수 있는 것이다. 그러한 사실은 보증인의 최고·검색의 항변권의 행사를 배제하기 위한 것이다. 보증인은 이행청구를 받으면 자신의 재산의 출연으로 채무를 이행하여야 한다. 물론 주채무자에 대해서는 구상권을 행사할 수 있다.

35. 연대보증

▌Point 1▐ 연대보증이란?

연대보증은 보증인이 보증계약에서 주채무자와 연대하여 채무를 부담하기로 하는 보증채무이다. 실제 거래에서 많이 이용되는 거래모습이다. 이것은 다음의 두 가지 점에서 보통의 보증채무와 차이가 있다. 즉, 연대보증인은 최고·검색의 항변권을 갖지 못하며, 연대보증인이 수인 있는 경우에도 분할의 이익을 갖지 못하고 각자 주채무 전액을 지급하여야 한다.

▌Point 2▐ 연대보증채무의 성립

연대보증은 원칙적으로 당사자의 특약으로 성립하지만 예외적으로 법률의 규정에 의하여 성립하는 경우도 있다. 예를 들면 상법에서는 주채무가 주채무자의 상행위로 생긴 때 또는 보증계약이 상행위인 때에는 그 보증채무는 언제나 연대보증으로 된다(상법 제57조제2항). 연대보증인은 최고·검색의 항변권이 없기 때문에 보통의 보증인보다 무거운 책임을 지게 되므로 채권자는 자신의 채권의 만족을 꾀하기가 더쉽다.

주채무자에 관하여 생긴 사유는 모두 연대보증인에게 효력이 미친다. 그러나 연대보증인에 관하여 생긴 사유는 주채무를 면책시키는사유 이외에는 주채무자에게 영향을 미치지 않는다.

보증채무금 지급청구서

귀하는 2016.6.13. ○○이 의료용기기 1대를 저로부터 600만원에 구입시 그 대금 채무에 대하여 연대보증을 하였는 바, 위 ○○이 금 100만원을 지불하고 잔액 금 500만원에 대하여 지불하지 않고 있으므로 저는 부득이 대금의 지급을 연대보증인인 귀하에게 청구하게 되었습니다.

이 통지를 받는 날로부터 7일 이내에 위 대금을 완납하여 주시기 바랍니다.

2000. 00. 00.

○○시 ○○구 ○○동 123번지
청구인   인

○○시 구로구 가리봉동 456번지
피청구인   귀하

해설

1) 채권자는 주목적은 자신의 채권의 만족을 꾀하는데 있는 것이기 때문에 채권자는 사실 이행의 상대방이 누구이든지 상관이 없다. 채권자는 주 채무자와 연대보증인 사이에서 이행청구와 집행이 용이한 상대방에게 채무이행을 청구하면 된다. 청구를 받은 연대보증인은 채권자에게 채무를 이행하고 나서 주채무자 또는 다른 연대보증인에게 그 부담부분에 한하여 구상권을 행사할 수 있다.

연대보증채무금 지급청구서

귀하의 하시는 일이 번창하기를 기원합니다.

귀하는 지난 2016.5.10. ○○상회가 제가 제작 · 판매하고 있는 컴퓨터 부속품을 구입하여 가면서 그 대금을 한달 후인 6.10.에 갚기로 약정할 때 보증을 서주셨습니다.

이 채무는 변제기가 2016.6.10.로 벌써 2개월여전에 도래하였으나, 채무자인 ○○상회에서 변제여유가 없다는 이유로 계속해서 변제기일을 연기하려 하고 있습니다. 그러나 저의 사정상 계속해서 ○○상회의 변제를 기다리는 것은 곤란해서 이렇게 연대보증인인 귀하에게 지급을 요청하게 되었습니다. 이 서면 도달 후 15일 이내에 물건 대금 5백만원을 지급하여 주시기 바랍니다.

2○○○. ○○. ○○.

○○시 ○○구 ○○동 123번지
청구인   인

○○시 ○○구 ○○동 456번지
피청구인   귀하

해설

1) 우리 상법에서는 상사거래에서 행한 모든 보증채무를 연대보증채 무로 규정하고 있다. 보통의 보증채무보다 무거운 책임을 지고 있 는 연대보증으로 함으로써 거래안전을 요하는 상사거래의 안정성 을 꾀하는 것이다. 따라서 상사거래에서 보증채무를 연대보증채 무로 한다는 명시적인 의사표시가 없더라도 그 보증채무는 연대 보증인 것이다.

2) 위 사안의 경우처럼 주채무자의 채무이행이 없으면 채권자는 보 증인에 연대보증책임을 물어 이행을 청구할 수 있다. 연대보증인 에게는 최고 · 검색의 항변권이 존재하지 않으므로 채무의 이행을 청구받는 즉시 이행을 하여야 한다.

36. 수탁보증인의 구상권

주채무자의 부탁으로 보증인이 된 자가 과실없이 변제 기타 출재로 주채무를 소멸하게 하여야 한다. 보증인이 주채무자에게 통지하지 아니하고 변제 기타 자기의 출재로 주채무를 소멸하게 한 경우에 주채무자가 채권자에게 대항할 수 있는 사유가 있었을 때에는 이 사유로 보증인에 대항할 수 있고, 그 항변사유가 상계인 때에는 상계로 소멸할 채권은 보증인에게 이전된다.

보증인이 변제 기타 자기의 출재로 면책되었음을 주채무자에게 통지하지 아니한 경우에는 주채무자가 선의로 채권자에게 변제 기타 유상의 면책행위를 한 때에는 주채무자는 자기의 면책행위의 유효를 주장할 수 있다(제445조).

채무변제 통지서

지난 2011.7.15.에 귀하가 ○○에게서 금 이천만원의 금전을 대출할 때에 저는 귀하의 부탁으로 보증인이 되었습니다.

그런데 금년 7.15.에 변제기가 도래하였는데도 불구하고 귀하께서 그 채무의 이행을 이행하지 않아 채권자인 ○○이 저에게 변제를 요구하였습니다. 채무를 이행하지 않고 둔다면 저에게도 상당한 부담으로 작용할 것으로 판단하여 8.10. 이 채무 전액을 변제하려고 합니다.

이에 귀하께서는 원리금 이천만원과 대출이자를 합하여 저에게 지급하여 주시기 바랍니다. 이 서면 도달 후 15일 내에 지급을 완료해 주십시오.

2○○○. ○○. ○○.

○○시 ○○구 ○○동 123번지
통지인　　　　　　　　 인

○○시 ○○구 창천동 456번지
피통지인　　　　　　　 귀하

해설

1) 위 사례에서 보면 보증인은 주채무자의 부탁으로 보증인이 된 자
   이고 변제기가 도래하였음에도 주채무자가 변제를 하지 않으므
   로 인해서 자기의 이익을 침해당하지 않도록 자신이 변제하고 있
   는 것이다. 보증인은 주채무자에게 변제의 통지를 하여 이중변제
   의 위험이 없도록 방지하여야 할 것이다. 그리고 통지를 하지 않
   고 변제를 하였을 경우 자신의 출재액을 전액 구상받지 못하는 위
   험이 있을 수도 있다.

37. 어음

▌Point 1▐ 어음이란?

어음이란 일정한 금액의 지급을 목적으로 하는 유가증권을 말한다. 어음에는 환어음과 약속어음 두 가지가 있다. 환어음이라 함은 발행인이 제3자인 지급인에게 일정한 금액의 지급을 위탁하는 형식의 유가증권이다. 말하자면 일종의 지급위탁증권이다. 이에 반하여 약속어음은 발행인 자신이 일정한 금액을 지급할 것을 약속하는 형식의 유가증권이다. 이것은 말하자면 지급약속증권이다. 환어음·약속어음은 모두 일정한 금액의 지급을 목적으로 하는 유가증권이고, 화폐제도로써 달성할 수 없는 경제적 기능을 수행하고 있는 기술적 제도라는 점에서 공통된다.

▌Point 2▐ 어음의 위조

타인의 명의를 거짓 사용하여 어음행위를 하는 것인데, 기명날인 그 자체를 위조하는 경우에 한하지 않고, 다른 목적으로 하게된 타인의 기명날인을 어음에 전용하거나, 절취 또는 위조한 타인의 인장을 사용하여 타인명의로 어음행위를 하는 것도 어음의 위조가 된다. 피위조자는 자신이 어음행위를 행한 자가 아니므로 책임을 지지 않으며, 또 위조자도 자기의 명의를 증권면에 표시하고 있지 않으므로 불법행위상의 책임이나 형사상의 책임은 지지만 어음의 책임은 지지 않는다.

▍Point 3 ▍ 어음의 소구

소구라 함은 만기에 어음금액의 지급이 없거나 또는 만기 전에 지급
의 가능성이 현저하게 감퇴되었을 때, 어음의 소지인이 그 어음의 작
성이나 유통에 관여한 자, 즉 환어음의 발행인, 환어음 및 약속어음
의 배서인 등에게 어음금액 기타 비용의 변제를 구하는 것을 말한다.
이러한 권리를 상환청구권 또는 소구권이라 한다.

약속어음금 지급 청구서

귀하가 2016.5.10. 발행한 약속어음금의 지급을 청구합니다.
이 약속어음의 만기지급일이 2016.8.10.이므로 당일에 제가 귀하
의 사무소로 방문하겠으니, 약속어음금을 지급하여 주시기 바랍니
다.

2000. 00. 00.

○○시 ○○구 ○○동 123번지
청구인   인

○○시 ○○구 ○○동 456번지
피청구인   귀하

해설

1) 어음은 만기가 되어야 비로소 지급을 청구할 수 있고, 만기가 법정휴일인 때에는 이에 이은 제1의 거래일에 지급을 청구할 수 있다. 지급제시를 할 시기는 확정일출급어음, 발행일자후기정기출급어음, 일람후정기출급어음의 경우처럼 만기일이 미리 정하여져 있는 어음에서는 지급을 할 날 또는 이에 이은 2거래일 내이다.

2) 지급제시장소는 원칙적으로 지급지 내에 있는 지급을 할 자의 영업소 또는 주소로 한다(상법 제65조, 민법 제516조). 그러나 어음상에 그 지급장소의 기재가 있으면 그 지급지 내에 있는 장소가 제시장소가 된다. 따라서 어음상에 지급장소의 기재가 있는데 다른 장소로 어음을 제시하면 무효가 된다.

3) 위 서면처럼 약속어음금의 만기일이 다가옴에 따라 서면으로써 어음채무자에게 통지하여 미리 준비하게 하는 것도 어음금의 지급을 쉽게 받을 수 있는 방법일 것이다.

어음금 지급 거절 통지서

귀하가 저에게 지급 요청하신 어음은 정당하게 성립된 것이 아니라 제1배서인으로 기재되어 있는 ○○이 저의 인감과 명의를 도용하여 발행한 것입니다.

저는 이 어음의 성립에 대해서도 전혀 아는 바가 없었으며 이 어음의 성립을 추후 추인한 바도 없습니다.

이에 제가 이 어음금을 지급하여야 할 아무런 이유가 없다고 판단됩니다.

2000. 00. 00.

○○시 ○○구 ○○동 123번지
통지인   인

○○시 ○○구 ○○동 456번지
피통지인   귀하

해설

1) 어음소지인이 어음채무자에게 어음금청구를 하는 경우에 어음채무자가 자기의 기명날인 또는 서명이 위조되었다고 주장하는 것은 소지인에 대한 적극적인 부인이므로, 소지인이 어음채무자의 기명날인 또는 서명의 진정을 입증할 책임이 있다.

2) 피위조자는 스스로 어음행위를 한 자가 아니므로 어음상 책임을 지지아니한다. 그러나 피위조자에게 위조에 관한 귀책사유가 있는 때에는 어음거래의 안전을 위하여 표현대리의 규정에 따라 어음상의 책임을 지는 경우가 있고, 이와는 별도로 민법의 손해배상책임을 부담한다.

3) 위 사안의 경우에는 어음금지급청구를 받은 통지인이 어음의 위조를 이유로 어음금지급을 거절하는 것이다. 피통지인은 통지인에게서 어음금을 지급받으려면 통지인에게 어음 위조에 대하여 귀책사유가 있음을 증명하여야 할 것이다.

지급거절통지서

아래 표시의 약속서음을 2016.8.5. 발행인 김○○에게 지급을 위한 제시를 하였으나 지급을 거절당하였으므로 이 사실을 통지합니다.

2○○○. ○○. ○○.

○○시 ○○구 ○○동 123번지
성명 소지인 홍○○ 인
제2배서인 임 걱 정 귀하

약속어음의 표시

번호	제10호	
어음금액	금오백만원정	발행일 2011.7.5.
지급기일	2016.8.5.	발행인 김○○
발행지	○○시 ○○구	제1배서인 이○○
지급지	○○시 ○○구	제2배서인 임○○
지급장소	서울 ○○은행 서대문지점	
지급거절증서작성일	2016.8.6.	

해설

1) 소구권자가 소구의무자에게 인수 또는 지급의 거절이 있었음을 알리는 것을 소구의 통지라 한다. 이는 상환청구의 통지라고도 한다. 이 제도는 소구의무자에게 인수거절 또는 지급거절의 사실을 알려 소구에 응할 준비를 시킴과 함께 나아가 어음을 신속히 환수함으로써 소구금액의 증대를 방지하는 등의 편의를 주기 위한 것이다.

2) 위 사안의 경우처럼 소구의 통지는 거절증서작성일 또는 이에 이은 4거래일 내이고, 배서인의 경우에는 통지를 받은 날 또는 이에 이은 2거래일 내이다. 통지가 기간 내에 행하여졌다는 것은 통지의무자가 이를 입증하여야 하나, 이 기간 내에 통지의 서면을 우편으로 부친 때에는 그 기간을 주수한 것으로 본다. 따라서 이러한 경우에는 내용증명으로 소구의 통지를 함으로써 입증을 쉽게 하는 것이 바람직하다.

38. 수 표

수표는 발행인이 일정한 금액의 지급을 지급인에게 의뢰하는 형식의 증권이며, 성질상 환어음과 유사하지만 신용을 이용하는 작용은 인정되지 않으며 전적으로 편리·안전한 지급도구로서의 성격을 가지고 있다.

수표법에서는 은행과 당좌거래를 갖고, 지급자금으로서 당좌예금을 하지 않으면 수표를 발행할 수 없도록 규정하고 있다.

수표금 지급통지

2016.5.1. 귀하는 저희 수퍼마켓에서 천만원 상당의 물품을 구입하면서 2016.4.15. 귀하가 발행 액면금 합계 지급지 ○○은행 서대문지점으로 된 가계수표 1매를 제시하여 물품을 인도하고 동 수표를 저에게 교부하여 준 바 있습니다.

그러나 제가 그 수표의 소지인으로서 동년 5.5. 동 수표금의 지급을 받고자 지급지에게 지급제시하였으나 지급은행으로부터 지급거절을 당하였습니다.

이에 저는 부득이 귀하에게 직접 위 수표금의 지급을 요청하기에 이른것입니다.

이 통지를 받는 즉시 위 수표금을 지급하여 주시기를 바랍니다. 이의 지급이 이루어지지 않는다면 부득이 민사절차에 의존할 수 밖에 없음을 알려드립니다.

2 0 0 0. 0 0. 0 0.

○○시 ○○구 ○○동 123번지
통지인   인

○○시 ○○구 창천동 456번지
피통지인   귀하

해설

1) 지급위탁의 취소가 행하여지거나 지급하면 곤란하다고 발행인이 말하지 않는 한 지급제시간이 경과된 후에도 지급은행은 지급을 할 수 있게 되어 있다. 이것은 수표에서는 반드시 원인거래가 있고 원인채권이나 이득상환으로 인하여 어쨌든 발행인은 돈을 지급해야 하는 입장에 서 있기 때문에 지급을 한다고 하면 수표에 의하여 안전편리하게 지급하는 것이 발행인에게 유리하기 때문이다.

39. 주주총회

출자자인 주주에 의하여 구성되어 주주의 총회에 의해 회사 내부에서 회사의 중요사항에 대해 회사의 의사를 결정하는 주식회사의 필요적 기관을 말한다. 주주총회는 회사가 해산하여 청산절차에 들어간 단계에 있어서도 존속한다.

주주총회의 권한으로서는 회사의 기구나 업태의 기본에 관한 사항, 기관구성원의 선임·해임, 업무운영과 주주의 이익을 위한 사항 등이 있다.

주주총회 소집 통지서

이번 2016.8.25. ○○시 ○○구 ○○동에서 ○○ 기획의 주주총회가 소집됨을 알려 드리는 바입니다.

이번 주주총회에서는 새로운 이사들의 선임 등 주요 현안을 협의할 예정이오니 꼭 참석하여 주시기 바랍니다. 혹시 바쁘셔서 출석하는 것이 힘드시다면 꼭 위임장을 발송해 주시기 바랍니다. 위임장은 동봉합니다.

2○○○. ○○. ○○.

○○시 ○○구 ○○동 123번지
통지인   인

○○시 ○○구 ○○동 456번지
피통지인   귀하

해설

1) 주주총회는 회의체의 기관이므로 회의를 개최하기 위하여는 소집
권자가 법정의 절차에 따라 총회를 소집하여야 한다. 주주총회는
소집의 시기를 표준으로 하여 이를 정기총회와 임시총회로 나눈
다. 정기총회의 소집시기는 주주명부의 폐쇄기간 또는 기준일의
설정시기의 재한과의 관계로 보아 결산기 후 3월 내이어야 한다.
총회의 소집은 그 개최의 일시·장소·의안 따위를 구체적 내용
은 상법에 따른 규정이 있는 경우를 제외하고 이사회가 하며, 이
결정에 따라 현실로 집행을 하는 것은 대표이사이다. 소집은 각
주주에 대하여 서면으로 의사일정을 기재한 통지서를 총회일로부
터 2주간 전에 발송하여야 하고 무기명주권을 발행한 경우에는 3
주간 전에 공고를 하여야 한다.

40. 이 사

일반적으로는 법인의 사무를 집행하며, 또 원칙적으로 법인을 대표하여 법률행위를 하는 직무권한을 가지는 필요적 상설기관을 말한다. 주식회사에 있어서의 이사는 회사의 업무집행기관인 이사회의 구성원에 불과하다. 이사는 주주총회에서 선임되나, 설립 당초의 이사는 발기인 또는 창립총회에서 선임한다. 종임사유는 사망·파산·금치산선고·사임·임기만료, 전관 소정의 자격사실, 회사의 해산·해임 등이 있다.

이사직 사임 통지서

제가 이번에 일신상의 이유로 이사직의 소임을 다하지 못할 것 같
아서 부득이 이사직을 사임하게 됨을 알려드립니다.
금번 주주총회에서 이 사실을 주주들에게 공지하여 주시고, 등기
에도 사임을 기재하여 주시기 바랍니다.
이 증명이 도착하는 즉시 사임처리를 하여 주십시오.

2ㅇㅇㅇ. ㅇㅇ. ㅇㅇ.

ㅇㅇ시 ㅇㅇ구 ㅇㅇ동 123번지
　　통지인　　　　　　　인

ㅇㅇ시 ㅇㅇ구 ㅇㅇ동 456번지
　　피통지인　　　　　귀하

해설

1) 임원인 이사와 주식사회와의 관계는 위임계약관계로서 수임자인 이사는 언제라도 해지에 의하여 이를 종료시킬 수 있다. 이것은 일방적 의사표시로서 효력을 발생한다.

2) 사임의 효력발생시기는 대표권을 가지고 있는 기관에게 사임의 의사표시가 도달된 때, 즉 사직원을 대표자에게 제출하였을 때 사임한 것이 된다.

3) 위 서면은 일종의 사직원으로서 사직원을 받을 정당한 자격이 있는 자에게 도달하면 그 때부터 사직한 것으로 처리된다.

41. 지적재산권

저작·발명 등의 정신적·지능적 창조물을 독점적으로 이용하는 것을 내용으로 하는 권리를 말한다. 특허권·실용신안권·의장권·상표권·저작권 등이 이에 속하는데, 이들에 대한 보호는 모두 특별법으로 규정하고 있으며, 특히 국제적으로 보호되고 있는 것이 특색이다. 우리나에서도 특허법·실용신안법·의장법·상표법·지작권법 등이 제정되어 시행되고 있다.

저작권 침해 통지서

현재 귀하가 잡지에 게재하고 계시는 논문 중 일부분은 본인이 지난 2016.5.10. 학회에서 공식적으로 발표한 논문으로서 이것을 저의 동의없이 귀하의 의사인양 무단으로 게재하는 것은 명백한 저작권의 침해라 할 것입니다.

즉시 이 논문의 원저자를 표시하면서 사과문을 게재하여 주시기 바랍니다.

다음 호에 이런 게재가 없다면 귀하를 형사상, 그리고 민사상의 손해배상과 더불어 고소할 수도 있음을 양지하여 주시기 바랍니다.

2000. 00. 00.

○○시 ○○구 ○○동 123번지
　　　　청구인　　　　　인

○○시 ○○구 창천동 456번지
　　　　피청구인　　　　귀하

해설

1) 현대사회에서는 저작권 · 실용신안권 · 의장권 등의 지적재산권
   등에 관련된 분쟁상황이 많이 발생하는데, 이것은 지적재산권 등
   에 대한 인식이 달라지고 이것이 재산권이라는 인식이 강화되면
   서 그 보호가 한층 강화되고 있는 현실 때문일 것이다.

2) 저작권 그 밖에 저작권법에 의해 보호되는 권리를 가진 자는 그
   권리를 침해하는 자에 대하여 침해의 정지를 청구할 수 있으며 그
   권리를 침해할 우려가 있는 자에 대하여 침해의 예방 또는 손해배
   상의 담보를 청구할 수 있다. 이 청구를 하는 경우에는 또한 침해
   행위에 의하여 만들어진 물건의 폐기나 그 밖의 필요한 조치를 청
   구할 수 있다.

캐릭터 무단사용 중지청구서

현재 귀사에서 제작판매하는 문구류 등에 사용중인 캐릭터는 저희 회사에서 지난 2.10. 제작 발표한 것으로서 이미 실용신안 등에 등록되어 있는 작품입니다. 그런데 이러한 캐릭터를 저희 회사와의 협의없이 사용하는 것은 분명 저작권을 침해하는 무단행위일 것입니다. 이에 캐릭터의 사용을 즉시 중지해 줄 것과 현재 시중에 배포되어 있는 캐릭터 제품의 수거, 그리고 그동안 사용한 캐릭터에 대한 사용료를 지급하여 주시기 바랍니다. 이러한 조치가 즉시 취해지지 않을 경우에는 민사상, 형사상 조취를 취하여 저의 회사의 권리를 보장받을 생각임을 알려드립니다.

2000. ㅇㅇ. ㅇㅇ.

ㅇㅇ시 ㅇㅇ구 ㅇㅇ동 123번지
청구인   인

ㅇㅇ시 ㅇㅇ구 창천동 456번지
피청구인   귀하

1) 근래에 들어 저작권 · 실용신안권 · 상표권 등의 지적재산권 등이 새로운 재산권으로서 주목을 받고 있다.

2) 이러한 시대 상황을 배경으로 캐릭터 무단사용에 대한 사례도 더욱 많아지고 있다. 일단 캐릭터 등도 의장등록을 해 놓으면 보통의 재산권처럼 보호받으며 이것을 무단 상용하면 재산권에 대한 침해로서 불법행위로 인한 손해배상책임을 지게 될 것이다.

3) 타인이 자기의 회사나 자신만의 캐릭터를 무단 사용하는 것을 알게 되었다면 일단 자신이 그 사용을 허락한 적 없음을 증명해야 한다. 그런점에서 이런 시정조치를 요구하는 내용증명을 보냄으로써 그런 면을 입증하여 두는 것이 만약 재판을 하게 되었을 때에도 증거로 손쉽게 이용할 수 있을 것이다.

저자 약력

조장형

- 행정사
- 한국외대 법학과 졸업
- 단국대학교 행정법무대학원 인허가법률 전문가 특별과정 수료
- 단국대학교 행정법무대학원 부동산법학과 졸업(석사)
- 서울시립대학교 일반대학원 법학과 박사수료(행정법 전공)
- (現) 법무법인 링컨로펌 전문위원
        링컨 행정사사무소 대표
        한국토지보상법학회 학회장
        전국공공재개발사업협의회 전문위원(법률자문위원)
        중앙법률원격평생연구원 강사(담당:행정쟁송)
        박문각 행정사/서울법학원 강사(담당:행정사실무법)
- (前) 법정법인 공인행정사협회 이사
        법정법인 공인행정사협회 부동산행정학회 학회장

[주요 저서]
- [개정판] 『토지보상법 이해』(공저) (법률출판사, 2021)
- [개정판] 『이론과 실제-계약실무 총람』(공저) (법률출판사, 2022)
- [개정2판] 『완벽한 계약서 작성법』(법률출판사, 2023)
- 비송사건절차법(대한행정사회 2022)

◎ 책 내용문의

E-mail: senorlaw@hanmail.net